Elfriede Ott
»Verzeihung, wenn ich störe …«

ELFRIEDE OTT

»VERZEIHUNG, WENN ICH STÖRE ...«

Spitzen und Pointen
aus Kabarett und
Theater

Mit 22 Abbildungen

Amalthea
Verlag

Besuchen Sie uns im Internet unter: amalthea.at

© 2017 by Amalthea Signum Verlag, Wien
Alle Rechte vorbehalten
Umschlaggestaltung: Elisabeth Pirker/OFFBEAT
Umschlagfoto: © Milenko Badzic/First Look/picturedesk.com
Herstellung und Satz: VerlagsService Dietmar Schmitz GmbH,
Heimstetten
Gesetzt aus der 11,5/14,75 pt Adobe Garamond Pro
Printed in the EU
ISBN 978-3-99050-082-8

Und wenn sie nicht gestorben wären, lebten sie noch heute
Sie würden sagen, was sie wüßten
Aber wer hört schon auf Kabarettisten?
Auf einem kleinen Brettl stehn
Das Unrecht und den Untergang sehn
Man trat mit Worten gegen Windmühlen an …
Die Worte sind noch immer da
Die Unvernunft auch – und sie kann triumphieren
Den Rufer in der Wüste hört man leider nie.

Gerhard Bronner

Inhalt

Ich hab immer gespielt
ELFRIEDE OTT *16*

Licht und Schatten
HANS WEIGEL *19*

Ballgeflüster
HANS WEIGEL *21*

Die Geschichte vom Dichter Kaspar
HANS WEIGEL *23*

Über Rudolf Weys
HANS WEIGEL *26*

Die kompetente Behörde
HANS WEIGEL UND RUDOLF WEYS *35*

Schale Nußgold oder Die Kellnerprüfung
RUDOLF WEYS *43*

Der Scherben
ELFRIEDE OTT *50*

Die Kleinkunst
HANS WEIGEL 52

Über Peter Hammerschlag
HANS WEIGEL 53

Pekinesen
PETER HAMMERSCHLAG 57

Herzbrüderlein Popo
PETER HAMMERSCHLAG 59

Angewandte Psychoanalyse oder
Die Ballade vom Lustmörder Alois Blawatschek
PETER HAMMERSCHLAG 61

Für Elfriede Ott
12. März
GERHARD BRONNER 65

Der Zerrissene oder »Wohin rollst du, Christelchen?«
PETER HAMMERSCHLAG 67

Die Welt ist klein geworden
PETER HAMMERSCHLAG 70

Von der Lüneburger Heide und der
Simmeringer Had
PETER HAMMERSCHLAG 73

Wenn man in Wien zur Welt kommt
ELFRIEDE OTT *76*

Die Stachelbeere
ELFRIEDE OTT *82*

Die drei Wünsche
HANS WEIGEL UND RUDOLF WEYS *84*

Über Jura Soyfer
HANS WEIGEL *93*

Telegraphen-Chanson
JURA SOYFER *101*

Lied des einfachen Menschen
JURA SOYFER *103*

Über Harald Peter Gutherz
HANS WEIGEL *105*

U. A. F. A. U.
HANS WEIGEL *109*

Das Lampenfieber ist …
ELFRIEDE OTT *118*

Der Panther
RAINER MARIA RILKE *120*

Über Josef Pechacek
HANS WEIGEL *123*

Chanson für eine Dompteuse
JOSEF PECHACEK *126*

Die Phantasie
ELFRIEDE OTT *129*

Ö-Dur
ELFRIEDE OTT *130*

Mein Nestroy-Schicksal
ELFRIEDE OTT *138*

Wer weiß –
ELFRIEDE OTT *150*

Über Hans Horwitz
HANS WEIGEL *156*

Das Lied vom kleineren Übel
HANS WEIGEL *182*

Cabaret und Kabarett
RUDOLF WEYS *190*

Über Rudolf Spitz
HANS WEIGEL *192*

Wippchen plädiert!
HANS WEIGEL *196*

Kabarett-Praktikum
ELFRIEDE OTT *199*

Schwejk-Conference
JURA SOYFER UND HANS WEIGEL *201*

Der Mann im Durchschnitt
HANS WEIGEL *208*

Cilli!
ELFRIEDE OTT *214*

Ernst Waldbrunn
ELFRIEDE OTT *216*

Hier spricht der Portier
ERNST WALDBRUNN *219*

Karl Farkas
ELFRIEDE OTT *227*

Frauen unter sich
KARL FARKAS *229*

Liebe Cissy, lieber Hugo –
ELFRIEDE OTT *239*

Fritz Grünbaum
ELFRIEDE OTT *244*

Mein Kollege, der Affe
FRITZ GRÜNBAUM *246*

Die Schauspielakademie
ELFRIEDE OTT *253*

… und immer wieder die Jugend
ELFRIEDE OTT *257*

Das Ende des Kabaretts
HEINZ R. UNGER *262*

Text- und Bildnachweis *264*

Es gab schon von der Jahrhundertwende an »Kabaretts« in Wien, in der Hölle, einem Raum neben dem Theater an der Wien, wohin die »Budapester« zogen, mit einem Repertoire im Jargon, eines, das in der Annagasse zuhause war und später als »Simpl« nach Münchner Muster, einen Bulldoggen als Wappen, in der Wollzeile bis heute zuhause ist: Die Glanzzeit war unter Karl Farkas und Fritz Grünbaum, um die sich Komiker reihten, traditionellerweise hauptsächlich männlichen Geschlechts.

Ganz und gar unterschieden von dem unterhaltenden Genre war das, was wir in Wien Kleinkunst nannten, aktuell, satirisch, politisch. Viele Autoren fanden Anschluss an diese politischen Bühnen. Die erste war »Der liebe Augustin«, begründet von Stella Kadmon, die sehr lange gelebt hat, die aus Deutschland nach Wien zurückgekehrt ist, die den Dichter Peter Hammerschlag in den Vordergrund stellte, mit kleinen schauspielerischen Aufgaben, vor allem aber als Blitzdichter und Improvisator. Als dritter wirkte der junge Däne Tom Kraa.

Ort der Handlung war das Café Prückel, Biberstraße, Ecke Wollzeile.

… der Anfang eines neuen Buches, am Tag, der der letzte in seinem Leben sein sollte. Dieses Buch sollte folgenden Inhalt haben:

Das Kabarett in Wien vor 1938. Die Lebenszeit eines Schriftstellers besteht aus Schreiben, Schreiben, Schreiben. Hans Weigel hat in jeder Lage geschrieben. Im Auto, im Kaffeehaus, überall, wo ein Platz zum Sitzen war.

In »unserer« Zeit hat er immer diese großen schwarzen Mappen mitgeschleppt, in denen das Material für seine Molière-Übersetzungen war. Er hat sie nicht nur übertragen, er hat sie mit großer Kunst nachgedichtet. Die Verse aus dem Französischen mit allen Pointen und Reimen. Er hat dafür seine Theaterkritik aufgegeben, um sich auf seinen Molière konzentrieren zu können. Und so ist die Gesamtausgabe entstanden, und ich durfte alles miterleben, als erstes Wesen seine Texte lesen! (Wenn ich manches Mal laut auflachte und er zufrieden sagte, wie es ihn freue, dass ich mich so unterhalte, musste ich gestehen, dass es die Druckfahnen waren, die so komisch wirkten.) Man kann sich seine Reaktion vorstellen.

Jetzt, wo er nicht mehr am Leben ist, dieser Tag schon so weit zurück, ich konnte mir nicht vorstellen, dieses Leben alleine fortzusetzen, aber es gibt mich noch, und ich lebe mit dem, was er mich gelehrt hat.

Er hat es nicht geahnt, dass ...

Er war ein Mensch, der den Mut hatte, ohne Furcht und Rücksicht alles zu sagen, wovon er überzeugt war, dass man es sagen muss. Und das war für einen Menschen neben ihm nicht leicht mitzuleben. Und dieser Mensch bin ich, Elfriede Ott, Schauspielerin, 60 Jahre im Ensemble des Theaters in der Josefstadt, in erster Ehe mit Ernst Waldbrunn verheiratet, schon da war das Kabarett in meinem Kopf. Ich spielte auch mit ihm ein kabarettistisches Programm mit schauspielerischen Mitteln in Berlin im Kabarett »Greifi«, eigentlich war es mehr eine Bar.

Damals war ich im Burgtheater engagiert. Und bei einem Abend im »Greifi« traute ich meinen Augen nicht: Im Publikum Lothar Müthel, bei dem ich vor damals kurzer Zeit im Akademietheater die Jutta in einem Stück von Gerhard Hauptmann spielte. »Die goldene Harfe«. Er hatte die Regie. Und jetzt sah er mich als Kabarettistin. Aber nachher kam er zu mir und sagte: »Gut, mein Kind, sehr gut, das freut mich.« Und wie mich das gefreut hat!

Dann ist Hans Weigel in mein Leben getreten, ich hab seine Kabarettliebe geteilt, habe aufgenommen, was er mir davon erzählt hat. Immer wieder von der Literatur am Naschmarkt.

Ich habe Stella Kadmon gekannt und bewundert im Theater Courage. Leider nicht in der Literatur am Naschmarkt.

Ich hab immer gespielt

Das war das Ende seines unsagbar reichen Schriftstellerlebens, das in seinen jungen Jahren bei Verlagen in Deutschland begonnen hatte. Dann hat er seine Liebe zu Österreich erfüllt (er war ja in diesem Land geboren) und hat für hiesige Cabarets Texte geschrieben, auch Stücke, dann die Emigration in der Schweiz, viele Bearbeitungen von Nestroy-Stücken und eigenen, zum Beispiel »Barabbas«, das nach dem Krieg in Wien gespielt wurde und ein großer Erfolg war. Dann war er Autor in allen Sparten der Kunst. Theaterkritiker, von uns allen gefürchtet. Musikkritiker. Die Musik war seine Leidenschaft. Dann bin ich in sein Leben getreten. Ich weiß, dass ich für ihn wichtig war. Er hat mich vieles gelehrt. Mir Unbewusstes aufgeschlossen. Und meine künstlerische Entwicklung gefördert. Wir wurden unzertrennlich. Wenn man einen von uns gesehen hat, war der andere nicht weit. Unser beider Leben war erfüllt. Ich spielte, er schrieb.

Dann kam die große Zeit meiner Soloabende. Er stellte die Programme für mich zusammen. Es wurde eine wienerische Historie. Das Erste »Phantasie in Ö-Dur«. Er fand Lieder, Arien und Szenen aus der Zeit der Wiener Volkskomödie. Am Flügel begleitete mich Prof. Erik Werba. Ich spielte diese »Phantasie« im

Mozartsaal des Wiener Konzerthauses elfmal hintereinander.

Es begann eine Reihe von Programmen:
»Wiener Komödienlieder« mit Julius Patzak
»Die lustigen Klassiker«
»Der anmutsvolle Prater«
»Rotweißrot Kehlchen« mit Gerhard Bronner
und und und ...

Wenn ich darüber nachdenke, ich habe eigentlich immer gespielt.

Wir fuhren auf Tourneen, spielten in vielen großen Städten Europas, in London, Kopenhagen, Salzburg (Mozarteum), Graz, Paris, Innsbruck, Berlin, München, Hamburg (Schauspielhaus), Oslo, immer wieder in Wien und in vielen kleineren Städten.

Wir waren zu dritt und alle drei im Sternbild Zwillinge geboren. Also verstanden wir uns gut!

Die wichtigsten Titel:
»Das ist ein Theater«, »Melancholie mit Flinserln«, »Apropos Nestroy«, »Das kleine Zweimaleins«. Mein Partner war Waldemar Kmentt.

In dieser Zeit immer wieder Stücke in den Kammerspielen und im Theater in der Josefstadt. Es war die für mich künstlerisch tollste Zeit meines Lebens. Josefstadt-Direktor war in dieser Zeit Professor Franz Stoß, der mir alles ermöglichte, sogar einen Abstecher in die Oper und viele Fernsehstücke. Bei ihm habe ich auch eine jahrelange Fernsehserie gespielt. Eine samstägliche Live-Sendung »Die liebe Familie«.

Das war eine wirklich schwere Sache, vor der ich mich oft eine Woche lang gefürchtet hab. Mit einer Probe für Kamera und Stellungen. Einmal (es waren immer Gäste dabei) habe ich bei einem »Star« den Ausruf nach dieser Probe gehört: »Ich bring mich um!« Ich habe seinen Angstausruf verstanden.

In einer dieser Sendungen plauderte ich ganz locker los und nannte ein Datum eines Geschehens – und im nächsten Augenblick war ich starr vor Schreck, weil mir einfiel: Das war gar nicht richtig, das ist wahrscheinlich eine falsche Information für die Zuschauer. Ich wäre gerne in der Erde versunken, musste aber weiterspielen. Ich erwartete nach der Sendung eine große Ermahnung von der Sendeleitung. Aber sie kam nicht. Entweder hat es niemand bemerkt, oder es war eh richtig. Aber Herzklopfen hab ich noch immer gehabt! Das sind oft so Zittersachen. – Du lieber Himmel!

HANS WEIGEL
Licht und Schatten

Als ich zur Welt kam, war der Hausarzt ratlos,
Die Mutter weinte über solch ein Kind,
Klagen und Medizin blieb resultatlos,
Ich schien gesund und stark, doch war ich blind.

Zwar: hell und strahlend leuchtete mein Auge,
Doch spiegelte kein Leben sich im Blick,
Man fand kein Mittel, das dagegen tauge,
So blieb in Nacht und Dunkel mein Geschick.

Ich wurde größer, redete und hörte,
Man hielt die Sorgen weit von mir entfernt,
Als man mich aber nachzudenken lehrte,
Da habe ich das Lachen doch verlernt.

Nur mit dem Herzen sah ich alle Dinge,
Das Leben fühlt ich nur, das um mich war,
Ich betete, daß Licht ins Auge mir dringe,
Auf daß die Welt mir offen sei und klar.

Und eines Tages – niemand kann ergründen,
War's Zufall, war es Gott, war's Medizin –
Sah'n plötzlich meine armen, toten, blinden
Augen die Erde, und die Sonne schien.

Was ich bisher geahnt, lern' ich nun kennen,
Was ich bisher geträumt, kann ich nun sehn,
Ich blicke in die Welt und muß bekennen:
Die Welt hat mich enttäuscht. Sie ist nicht schön.

Denn Farben, die ich hell und herrlich ahnte,
Sind trüb und matt, ihr Anblick tut mir weh,
Ich liebte Menschen, ehe ich sie kannte,
Nun hab' ich Angst, so oft ich einen seh'.

O über jene tiefe, dunkle Ruhe,
Die mich umhegte, als ich noch nicht sah,
Grell dringt der Tag, was immer ich auch tue,
In meine Welt und bleibt mir störend nah.

Ich will von neuem träumen, möchte fühlen,
Ich will nicht wissen, wie die Dinge sind,
Zu vieles muß ich sehn und wär im Stillen
So gerne wieder Kind und wieder blind.

Denn nichts ist derart, daß es sich verlohnte,
Genauer hinzusehn, nichts hält dem Auge stand,
Nur der vom Tageslicht gnädigst Verschonte
Glauben und Ruhe, Glück und Hoffnung fand.

Ihr blinden Freunde, ihr braucht nicht zu klagen;
Die Welt ist schöner, wenn man sie nur träumt;
Ich habe sie gesehen und kann euch sagen:
Bleibt ruhig blind. Ihr habt nicht viel versäumt.

HANS WEIGEL
Ballgeflüster

Wissen Sie, warum Sie hier sind? –
Ich nämlich nicht –
Finden Sie nicht auch, daß viele Menschen wie ein
 Tier sind? –
Im Wesen und im Gesicht –

Können Sie unter allen diesen Leuten
Irgend einen wirklich leiden? –
Gibt es auch nur zwei, die Ihnen etwas bedeuten? –
Wenn ja, dann sind Sie zu beneiden –

Gnädigste lachen häufig, doch wohl kaum von innen
 heraus –
Wann war Ihnen zum letzten Mal wirklich heiter zu
 Mut? –
Aha, unsicher, nervös und viel Verdruß zuhaus –
Sie müssen nichts mehr erzählen, ich kenn' das alles
 so gut –

Natürlich, das stimmt, man muß froh sein, daß man
Heute überhaupt Arbeit hat –
Und welche hat schon den richtigen Mann? –
Das vergebliche Warten macht matt –

Ja, alles verkrampft und überall Qual –
Und alles halb krank und keiner normal –

Sie denken auch nicht ans Heiraten? Fein! –
Und wünschen sich kein Kind? –
Ich freue mich, daß wir beide ein
Und derselben Meinung sind –

Es soll heutzutage manchen geben,
Der so oder ähnlich spricht –
Wissen Sie eigentlich, wozu Sie leben? –
Ich nämlich nicht.

HANS WEIGEL
Die Geschichte vom Dichter Kaspar

Der Kaspar, der war kerngesund,
War für die Kunst und gegen Schund,
Er schrieb Gedichte, gut und fein,
Die sandte er Verlegern ein.
Und wenn mal jemand von ihm wollt,
Daß er was andres schreiben sollt,
Dann fing er immer an zu schrein:
Ich mach' nicht Konzessionen, nein,
Ich wässere meine Suppe nicht,
Nein, meine Suppe wässer' ich nicht!

Im nächsten Jahr, ja sieh nur her,
Da war er schon viel magerer,
Ins Kaffeehaus rief man ihn
Und schlug ihm vor: Schreib doch Revuen.
Da fing er wieder an zu schrein:
Ich mach' nicht Konzessionen, nein,
Ich schreib' für diese Gruppe nicht,
Nein, für die Gruppe schreib' ich nicht!

Im dritten Jahr, o weh und ach,
Wie war der Kaspar dünn und schwach!
Die deutsche Tonfilmproduktion

Bot ihm für Texte reichlich Lohn.
Gleich fing er wieder an zu schrein:
Ich mach' nicht Konzessionen, nein,
Ich schreib' für diese Sippe nicht,
Nein, für die Sippe schreib' ich nicht!

Im vierten Jahre endlich gar
Der Kaspar wie ein Fädchen war.
Ein Doktor kam herbei und riet:
Schreib doch ein kriegerisches Lied.
Da fing der Kaspar an zu schrein:
Ich mach' nicht Konzessionen, nein,
Ich schreib' für diese Truppe nicht,
Nein, für die Truppe schreib' ich nicht!

 Der Kaspar, der war gegen Schund,
 Drum kam er völlig auf den Hund,
 Er wog bald nur ein halbes Lot
 Und war im nächsten Jahre tot.

Ich wühle in den Kabarett-Texten aus der Zeit zwischen 1933 bis 1938. Da war Hans Weigel einer, der 1000 Texte geschrieben hat. Es ist ein großer Sprung von meinen jetzigen Theatererfahrungen: ein großer Sprung zurück. Aber mich fasziniert diese Cabaret-Literatur. Sie geht in unsere jetzige Zeit hinein. Immer wieder kommt man auf »Was, das war damals? Das könnten doch unsere Sorgen und Themen von jetzt sein!«. Ich sehe nichts Altmodisches, höchstens Parallel-Gedanken. Auch damals war es Ö-Dur in Schärfe und Zynismus – aber in dieser österreichischen »Dur« mit viel »Moll«-Gedanken.

Und im Gehirn von Hans Weigel in beiden Zeiten wohnend, und so war's nicht nur in der »Literatur am Naschmarkt«, sondern auch in der »Stachelbeere«, im »ABC«, im »Lieben Augustin«, im Café Prückel, im Café Dobner.

Überall diese Cabaret-Dichter: Rudolf Weys, Peter Hammerschlag, Jura Soyfer, Josef Pechacek ...

Hans Weigel über Rudolf Weys

Siebenter März 1978. Heute um halb elf haben sie ihn auf dem Döblinger Friedhof begraben.

Um eins bekam Gerhard Bronner im Unterrichtsministerium eine hohe Auszeichnung.

Wäre Rudolf Weys damals in den dreißiger Jahren nicht gewesen, hätte Gerhard Bronner vielleicht die Auszeichnung nicht bekommen.

Hinter seinem Sarg gingen etwa fünfzig Trauergäste: Kollegen von der »Wochenpresse«, für die er Filmkritiken schrieb. Einige vom Burgtheater, wo sein Sohn Dramaturg ist. Vertreter der Autoren-Vereinigungen, einige wenige aus unserer »Kleinkunst«-Zeit.

Er hat mir aus einer Krise dieser Aufzeichnungen herausgeholfen. Ich war in meinen alphabetischen Gedenkblättern längst bis hierher gelangt und hatte die Arbeit unterbrechen müssen. Und da fiel mir auf, daß ich selbst jetzt der nächste im Alphabet wäre, zwischen Jura Soyfer und Herbert Zand. Und eine kindische abergläubische Hemmung hielt mich vom Weiterschreiben ab. Ich erwog ernstlich, meinen eigenen Nekrolog zu schreiben und das Manuskript für den Verlag satzfertig vorzubereiten.

Jetzt ist Rudolf Weys gestorben – und weil er hier herein gehört, muß und kann ich weiterschreiben.

Er war sehr wichtig. Das haben einige gewußt. Er war ein letzter Zeuge einer wichtigen Zeit, unserer großen und schrecklichen Tragödie, die wir »Erste Republik« nennen.

Er war Buchhändler in Wien, in Graz geboren, und wollte Autor sein.

Immer wieder wurden damals in Wien Kabaretts gegründet, meistens war er dabei. Und einmal, endlich, stimmte alles, und im Souterrain des Cafés Dobner eröffnete im Herbst 1933 die »Literatur am Naschmarkt«. Rudolf Weys war das Zentrum, das Oberhaupt, das Gewissen des Unternehmens.

Er war zehn Jahre älter als ich, 1898 geboren. Er hatte noch erwachsen werden können. Uns hatte die Unruhe unserer Welt seit 1914 gleichsam unter einem Glassturz an allem Regulären des Lebens und der Berufsausübung gehindert. Wer, wie ich, 1933 fünfundzwanzig war, konnte nichts werden, bestenfalls Auswanderer. Wir blieben die »Jungen«, verbittert, negativ, verzweifelt, fatalistisch, voll berechtigter Skepsis gegen alle rund um uns.

Rudi Weys wußte, was wir wußten, aber er war verbindlicher, weicher, sanfter. Wir waren wie Johann Nestroy, er wie Ferdinand Raimund.

Autoren und Komponisten fanden sich zusammen, Schauspieler kamen dazu, die Deutschland hatten verlassen müssen oder verlassen wollen oder die anfingen und keine andere Chance fanden.

»Literatur am Naschmarkt« war ein Kabarett ohne Beispiel, denn es war denkbar weit entfernt vom »Brettl«, wie es in Deutschland geblüht hatte (zuletzt Werner Fincks »Katakombe«), wie es dann auch in der Schweiz entstan-

den war (das »Cornichon« als erstes), wie es vor der »Literatur« Stella Kadmon und dann andere Wiener Gründungen versucht hatten. »Literatur am Naschmarkt« war vom Theater inspiriert, spielte Einakter und kleine Stücke, hatte perspektivisch gebaute Dekorationen. »Literatur am Naschmarkt« war das unkabarettistischeste Kabarett und darum vermutlich besonders wienerisch, aber »Literatur am Naschmarkt« nahm sich diese Richtung nicht ausdrücklich vor – sie lag in der Luft der Linken Wienzeile, ein paar Häuser entfernt vom Theater an der Wien.

Rudi Weys war nicht Leiter, nicht Direktor, er war der Senior mit allen Vorrechten und Belastungen dieses seines Ranges, den wir ihm aber nicht streitig machten, wenn man ihm auch noch so heftig opponierte.

Ich war vom vierten Programm der ersten Spielzeit an mit dabei und auch noch, nach einigen Krisen und Separationen, beim letzten Programm – also von der Spielzeit 1933/34 bis zum März 1938. So kurz war das.

Im fünften Programm der ersten Spielzeit (Frühjahr 1934) gelang dem Rudi Weys unbewußt ein Geniestreich, der Kabarettgeschichte machte: das Mittelstück.

Wir waren im besten Einvernehmen mit dem Cafetier, Herrn Bauer, und dem Ober, Herrn Jean. Beide wollten, ehe ein Programm endgültig fixiert war, genau Bescheid wissen: über die Dauer der einzelnen Nummern und Abteilungen, um sich auf das heikle Geschäft des Aufnehmens von Bestellungen, des Servierens und des Kassierens vorzubereiten.

Es ergab sich aus der Praxis, daß eine ganz kurze Pause nach relativ kurzer Zeit stattfinden mußte, um die Gäste, die knapp vor dem Beginn gekommen waren, nach ihren Wünschen zu fragen, dann, nach einem etwas längeren Block von Darbietungen, eine erste größere Pause, die Servierpause. Und etwa eine Viertelstunde vor Schluß war die zweite große Pause, die Zahlpause, anzusetzen. Denn die Gäste wollten nach dem Schluß nicht mehr aufgehalten werden und mußten daher schon vorher »abkassiert« werden.

So sahen die Grundlagen einer Programmsitzung aus, wenn wir den Ablauf festlegten. Jeder zog auf ein Blatt Papier die drei Linien.

Rudi Weys hatte die gloriose Idee: Wie sähe die Welt heute aus, wenn Österreich den Krieg gewonnen hätte? Ein Wiener Hofrat geht auf Inspektionsreise in den Ural, nach London (wo man ihn um eine Anleihe anbettelt), an den Suezkanal (wo ein österreichischer Stationsvorstand die Seefahrt in Unordnung bringt) … zwischen den einzelnen Szenen fiel der Vorhang, vor ihm blieb ein Darsteller allein und sang ein Chanson, hinter ihm wurde umgebaut.

So entstand das Mittelstück, setzte sich durch, im »Lieben Augustin« als eine Paraphrase der Abenteuer des Odysseus, des »Reineke Fuchs«, als Volksstück-Bilderbogen vom »Lieben Augustin«; in der »Stachelbeere« schrieb ich mit Rudolf Spitz und Hans Horwitz ein Mittelstück, das eine ironische Wiederkehr der Donaumonarchie prophezeit und einen Vater, dessen Baby ein Abführmittel braucht, so lange von Amt zu Amt pilgern läßt, bis das Baby einen Bart hat – ein anderes, von Spitz allein, spaltete die Stadt Wien in einzelne Nachfolgestaaten, die mit- und gegeneinander große Politik machen. Ein Mittelstück war auch die Richard-Strauss-Operette »Der Walzerkavalier« von Hans Horwitz und mir.

Mit Weys zusammen arbeitete ich für das zweite Programm der zweiten »Literatur-am-Naschmarkt«-Spielzeit »Die drei Wünsche«: in Form eines Zaubermärchens die Abrechnung mit der Gegenwart. Es war eine gute Mischung: seine Milde und meine Schärfe.

Ich kann hier nicht die Geschichte der »Literatur am Naschmarkt«, noch weniger eine Geschichte der Wiener Kleinkunstbühnen schreiben. Sie ist, was Jura Soyfer betrifft, einigermaßen überliefert, durch drei Bücher von Rudolf Weys in der Skizze dargestellt. Das meiste aber ist heute schon verweht, versunken, zu zwei Dritteln vergessen. Niemand hat sich, als noch Zeit war, um die Bewahrung, Aufzeichnung gekümmert – eine Dissertation am Wiener Institut für Theaterwissenschaft (von I. Reisner) hält Namen und Daten fest, einige Sendungen des Österreichischen Rundfunks und Fernsehens haben einige Verdienste um historische Aufarbeitung eines großen, vernachlässigten Themas …

Das Schönste von Rudolf Weys war sein Mittelstück »Pratermärchen«. Es schien vielen damals zu verbindlich, zu wenig aggressiv. Erst später erkannte ich die Größe dieses kleinen Volksstücks mit Musik, das in märchenhafter Manier ein gültiges, authentisches Bild der schrecklichen Zeit der Armut, Arbeitslosigkeit und Ratlosigkeit in den dreißiger Jahren festhält. (Ich glaube: ich habe noch nie über die dreißiger Jahre gesprochen oder geschrieben, ohne das Wort »Ratlosigkeit« zu gebrauchen.)

Rudi Weys war kritisch, aber freundlich, eine einzigartige Mischung. Er konnte, was uns anderen unmöglich war, die Zeit kritisieren, aber an Österreich glauben … vielleicht weil er um zehn Jahre älter war.

Einmal kam das an den Rand der Pleite geratene Wiener Raimundtheater zu uns und erhoffte sich Sanierung durch eine kabarettistische Revue. Wir akzeptierten und begannen die Arbeit: die Musiker Hans Horwitz und Herbert Zipper (der sich Walter Drix nannte), Rudolf Weys und ich. Wir ersannen eine Rahmenhandlung: Im geschlossenen Theater erwacht der Geist Ferdinand Raimunds und erweckt die Geister der großen Erfolge aus der Vergangenheit des Theaters, die drei Mäderln aus dem »Dreimäderlhaus«, Mackie Messer aus der »Dreigroschenoper«, den braven Soldaten Schwejk und den Straßenmusikanten aus dem ins Wienerische transponierten Volksstück »Straßenmusik«. Diese Figuren begeben sich auf einen Stationsweg durch das gegenwärtige Wien, wobei zum Teil bewährte Kabarettnummern eingebaut sind, hauptsächlich aber neue Szenen und Chansons stattfinden. Besonders erinnerlich ist mir eine Parodie auf die Mode der Schubert-Filme, ein neu textierter Kanonensong und der Ausspruch Schwejks »La donna e herich mobile«.

Die Premiere war erfolgreich, es folgten einige, allzu wenige Wiederholungen an der Schwelle des Sommers und eine erfolglose Wiederaufnahme im Herbst.

Rudolf Weys hat, fast ganz allein, für »Literatur am

Naschmarkt« ein Programm »1913« geschrieben, das erfolgreichste Programm des Hauses – unvergeßlich bleibt mir das Schlußbild: Silvester 1913, ein Ringelspiel von Figuren um die Statue der Fortuna, ein Refrain: »Hoch das Vierzehnerjahr«, der Gesang wird leiser, das Licht wird eingezogen ...

Außer diesem Programm hatten unsere Programme nur Nummern, keine Namen; und immer wieder wollten wir solche Gesamttitel, der Übersichtlichkeit wegen, einführen. Beim letzten Programm war es dann soweit, und dieses Programm hieß »Der Wiener geht unter«.

Da war eine Szene von Rudolf Weys, in der er versuchte, den Marxismus und das Christentum zu versöhnen. Da war, Text gleichfalls von ihm, eine wienerische Arche Noah, in der die Bewahrenswerten einstiegen ... alles makaber prophetisch.

Und dann war's aus. Viele Autoren und Darsteller verschwanden. Der Rest etablierte sich in der Liliengasse als »Wiener Werkel«. Man hat viel und vielerlei über dieses Kabarett geschrieben, hat es als Alibi-Ventil, als manipulierte Opposition von des Gauleiters und des Propagandaministeriums Gnaden attackiert. Ich will hier in memoriam Rudolf Weys wiederholen, daß es keine Zweifel an seiner Lauterkeit und Anständigkeit geben durfte und darf: Hätte ich damals bleiben dürfen, hätte ich auch dort mitgearbeitet.

Das große, geradezu populär gewordene, spektakuläre Mittelstück der neuen Ära war eine Vision von der Eroberung Chinas durch die Japaner, wobei kein Zweifel darüber denkbar war, daß mit den Chinesen die Österreicher und mit den Japanern die Deutschen gemeint waren. Am Ende des ersten Bildes sieht ein »Chinese« den Japanern nach und sagt: »Wir werd'n s' scho demoralisieren.«

Rudolf Weys hielt sich und seine Frau und seinen ganz kleinen Sohn mit Müh und Not in schwerer Zeit über Wasser.

Als ich im Oktober 1945 nach Wien zurückkam, war einer meiner ersten Wege zu ihm – und das war eine jener Szenen, die ich mir immer ausgemalt hatte. Ich läute – er macht auf – ich sage »Servus« – er erkennt mich, hat Tränen in den Augen und sagt in äußerster Zärtlichkeit immer wieder: »Du Trottel!«

Er hatte, wie wir alle, die Zeit nachher ersehnt. Er hatte, wie wir alle, alles von der Freiheit erhofft. Er war im Jahr 1945 schon fast fünfzig. Er eröffnete ein Kabarett dort, wo das »Wiener Werkel« gewesen war, im ehemaligen »Moulin Rouge«, später »Kleines Haus der Josefstadt«, später wieder »Wiener Werkel«, später Bronner-Kabarett, später gescheiterter Versuch eines Boulevard-Theaters, heute »Theater im Zentrum«, vom »Theater der Jugend« betrieben.

Er wollte die Kontinuität affichieren und nannte sein Nachkriegs-Kabarett »Literatur im Moulin Rouge«. Es hielt sich nicht. Er schrieb einen abendfüllenden Schwejk, an den er wie an ein Magnum Opus glaubte. Die Aufführung im Bürgertheater war nicht erfolgreich. Er kam mit einem musikalischen Lustspiel, das Johannes Heesters in den dreißiger Jahren kreiert hatte, an das Theater in der Josefstadt.

Musik: Robert Stolz. Es hieß jetzt »Kleiner Schwindel in Paris«. Peter Alexander spielte die Hauptrolle.

Alles, was unter Druck von außen gegangen war, ging nun nicht mehr. Rudolf Weys arbeitete für den Rundfunk, er hatte lange Zeit eine kritische Theatersendung, er war Filmkritiker. Als sich der Traum von der Freiheit verwirklicht hatte, ging der Traum vom Kabarett in Brüche.

Rudolf Weys war ein Pionier, Schlüsselfigur einer politischen, kulturpolitischen, theatergeschichtlichen Ära gewesen. Aber die ganze Ära ist in der Halbvergessenheit geblieben, und niemand von den Späteren wußte recht, wer Rudolf Weys war. Er schrieb seine drei Bücher, sie sind wenigstens dagewesen, wenn auch sämtlich vergriffen. Er war immer dabei, wenn der Rundfunk oder das Fernsehen sich an die »Kleinkunst«-Ära zu erinnern versuchte. Er führte für eine geplante Sendung im Gedenkjahr 1978 noch ein großes Gespräch mit Gerhard Bronner: Es wurde nach seinem Tod als Nekrolog gesendet.

Er war bis zum Schluß ganz da, wach, temperamentvoll, wie vor vierzig Jahren. Er hatte einen beneidenswert schönen Tod. Er ist eingeschlafen und nicht wieder aufgewacht.

Auch das, was er geleistet hat, die Erfindung des österreichischen Kabaretts und seine Überwinterung im Hitler-Reich, ist im Bewußtsein der Nachwelt eingeschlafen und nicht mehr aufgewacht.

HANS WEIGEL UND RUDOLF WEYS
Die kompetente Behörde

Salzamt
1. Szene

(Wiener Taxichauffeur, im Disput mit einem Fahrgast aus Preußen, erregt vor den Vorhang.)
CHAUFFEUR: Mir wer'n S' net fahren lernen, liaber Herr, mir net!
GAST: Is' ja unerhört! So was kann einem auch nur in Wien passieren. Von der Votivkirche bis zur Bellar*i*a *(Ton auf dem i)* fahren Sie mich zwanzig Minuten im Kreise rum …
CHAUFFEUR: Jawohl! Weil die Zwarerlinie abg'sperrt is' und die Burggassen detto.
GAST: Ach was! Machen Sie schon weiter! Geben Sie mir den Rest auf zehn Schilling *(gibt Geldschein)*. Was macht denn die Taxe?
CHAUFFEUR: Fümffuchzig ohne Trinkgeld. Na? Und der Gepäckszuschlag? *(Deutet auf das kleine Suitcase des Fahrgastes)* Da wird net viel übrigbleiben, fürcht i.
GAST: Mensch, Sie sind wohl vom dollen Affen jebissen?!
CHAUFFEUR *(wendet sich zu seinem Wagen)*: D'jehre der Herr …
GAST: Stillgestanden! Geben Sie mir mein Geld zurück, oder ick rufe den Schutzmann!

CHAUFFEUR: Liaber Herr, jetzt wir' i Ihnen was sagen: Erstens heißt des bei uns net Schutzmann, sondern Wachebeamter, zweitens kriagerten S' eh nur fünf Schilling außer, und drittens können Sie mich … nicht beleidigen. *(Will ab.)*

GAST: Nun machen Sie mal 'nen Punkt! Wo kann man sich über Sie beschweren?

CHAUFFEUR: Aber von mir aus gengan S' zum Salzamt! *(Geht ab.)*

GAST: Salzamt? Na, det könn wa ja machen! *(Strammen Schrittes ab.)*

2. Szene

(Vorhang auf, Schalter, darüber die Aufschrift »K. u. K. Salzamt«, das »K. u. K.« ist durchgestrichen.)

BEAMTER: *(zuwiderer älterer Herr mit Zwicker liest Zeitung, legt sie sorgfältig zusammen, holt aus der Lade ein in Papier gepacktes Wurstbrot.)*

GAST: *(eilig auftretend):* Tach!

BEAMTER *(aufsehend):* Ich habe die Ehre.

GAST: Bin ich hier richtig?

BEAMTER: Ja, was suchen S' denn? Hier ist die Einlaufstelle vom Salzamt.

GAST: Ich staune, daß es so 'n Amt wirklich jibt. Ich dachte, das sei bloß 'n Ulk.

BEAMTER: A na, Herr, uns gibt's in alle Bundesländer.

GAST: Interessant. Da haben Sie heutzutags wohl viel Andrang?

BEAMTER: Ja, ja, von Jahr zu Jahr müssen wir uns vergrößern. Heuer ham mir sogar müssen Aspiranten aufnehmen.

GAST: So, so. Nun sagen Sie 'mal, kann ich Ihren Che*fff* sprechen?

BEAMTER: Momentan leider nicht, der Herr Hofrat is' weg'n ein' Kompetenzstreit in der Finanzlandesdirektion. Was wollen S' denn?

GAST: Ich hätte eine dringende Beschwerde in Transportangelegenheiten. *(Will Schriftstück überreichen, stützt sich dabei auf das Schalterbrett.)*

BEAMTER: Sie Herr, aufstützen dürfen S' Ihnen da net! Den Akt reichen S' bei mir ein, der wird auf dem vorgeschriebenen Dienstweg ordnungsgemäß erledigt.

GAST: Ach, könnte man die Angelegenheit nich' dringlich und jesondert behandeln? Bin nämlich nich' von hier.

BEAMTER: Des merk i. Aber vorm Salzamt san alle gleich, da gibt's nur ein' Dienstweg.

GAST: Ach, det is' ja allerhand. Im Grunde sehr zu loben.

BEAMTER *(stolz):* Dabei ist die ganze Bevölkerung auf uns angewiesen!

GAST: Und die stellen Sie restlos zufrieden? *(Stützt sich wieder auf.)*

BEAMTER: Na klar. Mir sind ja die einzige und letzte Instanz und entscheiden inappellabel. Aber i hab Ihnen schon g'sagt, Sie sollen Ihnen da net aufstützen!

GAST: Ach lassen Sie doch! Ich will Ihnen doch gerade meine Bewunderung aussprechen. Da heißt es immer, nur wir Preußen hätten Orjanisationstalent, das scheint mir völlig falsch. So 'n Amt wie det Salzamt habe ick in Berlin noch nirjends anjetroffen.

BEAMTER *(stolz):* Ah, bei uns gibt's des schon seit die seligen Babenberger. Mir waren ja die Lieblingskanzlei vom Jasomirgott.

GAST *(sich aufstützend):* War det nicht einer eurer größten Heerführer?

BEAMTER: Nana, des war mehr a Friedensfürst. Sie verwechseln ihm wahrscheinlich mit 'n Radetzky. Aber i sag Ihnen jetzt zum letzten Mal, Sie soll'n Ihnen auf ein' kaiserlich-königlichen republikanischen Schalter nicht aufstützen!

GAST: Sei dem wie immer, ich werde daheim zu rühmen wissen, daß Ihr mit eurem Salzamt 'ne Instituziong geschaffen habt, die für alle Kulturstaaten als vorbildlich gelten kann.

BEAMTER: Schauen S', liaber Herr, mir ham uns durch alle Wechselfälle der Geschichte jahrhundertelang lebensfähig erwiesen, mir brauchen Ihnen jetzt a net. Nebenbei bemerkt: Das Salzamt ist eine sehr bedeutende Aktivpost in unserm Budget und neben dem Dorotheum die meistbeschäftigste Institution von Wien und die übrigen Bundesländer.

GAST: Ich danke Ihnen für Ihre hochinteressante Belehrung, möchte Sie aber nun nicht länger von Ihrem Dienste abhalten.

BEAMTER: Ah, des tuan S' eh net. *(Hat sein Frühstück ausgepackt, ißt.)* Sie könnten Ihnen aber auch noch unser Salinenmuseum anschau'n, mir haben eine hochinteressante Sammlung von Grubenhunden.

GAST: Sehr freundlich, bin aber leider zu pressiert. Nur noch eine Frage: Wie beurteilen Sie die Schangsen meiner Einjabe?

BEAMTER *(essend):* I hab mi ja mit Ihnerer werten Materie noch gar net vertraut gemacht …

GAST *(leicht ergrimmt):* Guten Appetit! *(Stützt sich auf.)*

BEAMTER: Ah ja, den hab i. Aber Sie stützen Ihnen ja schon wieder auf ärarisches Eigentum!

GAST: Ach, hören Sie lieber mal zu: Also ick fahre mit soner Autodroschke von der Votivkirche zur Bellaria, verlangt der Mann …

BEAMTER: Lieber Herr, des is bestimmt sehr interessant, aber …

GAST *(unbeirrt):* Obendrein verlangt er noch Gepäckszuschlach und Nebenspesen, und wie ick mir das nich' bieten lasse, schlägt er Krach! *(Stützt sich wieder auf.)*

BEAMTER: Ich wer' auch gleich Krach schlagen, wann Sie Ihnen trotz mehrfacher Abmahnung noch allerweil aufstützen! Außerdem: Wieso gehört denn das alles zur Sache?

GAST: Mindest so wie Ihr Frühstück, Mensch, Sie haben 'ne lange Leitung!

BEAMTER: Ah ja, die ham ma. Von Aussee über Hallstatt bis nach Ischl.

GAST: Sie soll'n ma aber zu meinem Rechte verhelfen!
BEAMTER: Herr, i bin Oberoffizial der Salinendirektion! Wem gengan denn Ihre Fahrtspesen was an?
GAST: Klar, Mensch! Ihre Aufgabe is' es doch, solche Mißstände zu Tage zu fördern! *(Stützt sich mit beiden Händen auf.)*
BEAMTER: Salz tan mir zutage fördern, lieber Herr! Salz!
GAST: Salz? Laust mir der Affe? Sie sachten doch, ick sei hier richtich?
BEAMTER: Ja! In der Salinendirektion sein S'! Kochsalzmonopol!!! *(Gebärde des Salzens)* Butterbrot! Vastehgen S'???
GAST: Mensch, Sie woll'n ma wohl veräppeln? Sie sind doch 'n richticher Österreicha!! *(Stemmt die Faust auf das Schalterbrett.)*
BEAMTER: *(voll Wut aufspringend):* Herrr, nur keine Amtsehrenbeleidigungen, sonst komm i in Saft! Außerdem ham S' Ihnen jetzt zum letzten Mal aufg'stützt! *(Schiebt den Arm vom Schalter.)*
GAST *(knallt seinen Hut auf den Kopf):* Na schön. Die Sache wird ihr Nachspiel haben!
BEAMTER: Glaub' kaum.
GAST: Wo kann man sich über Sie beschweren?
BEAMTER: Beim Salzamt! *(Knallt Schalter zu.)*
(Vorhang)

Habeant sua fata libelli, meinten die Römer. »Manuskripte haben ihre Schicksale.« Die Autoren der Kleinkunst könnten den Satz vollinhaltlich bestätigen.

»Eine Schale Nußgold« (Arbeitstitel: »Die Kellnerprüfung«) fiel mir in ironischer Kaffeehauslaune 1934 ein. Die Szene hat nichts mit Literatur zu tun, weit eher mit Naschmarkt. Sie wurde denn auch prompt von der programmauswählenden Direktoren- und Autorenjurie abgelehnt.

Monate später, als wir nach einer durchgefallenen Premiere Hals über Kopf ein neues Programm herauszubringen hatten, entsann man sich der Skizze. Die »Kellnerprüfung« wurde angesetzt.

Was war das Resultat? Gerade dieser Naschmarkteinfall wurde seiner Publikumswirkung wegen eine Standardnummer. Im Dobner wurde sie 150mal, im »Wiener Werkel«, vier Jahre später, weitere 200mal gespielt. Den Schauspielern hing die »Schale Nußgold« bereits zum Hals heraus, denn mit ihr ging man auf Tournee, sie wurde bei jedem Abstechergastspiel hervorgezogen.

Worin besteht ihre Wirkung? Die Szene trifft ins Schwarze, sie glossiert einen Wiener Zustand, der zeitlos und jedem geläufig ist; sie stößt also auf Verständnis bei der breiten Masse, aber auch der Intellektuelle läßt sie sich, da er selbst ein Kaffeehausgast, gerade noch gefallen. Also ein Haupttreffer.

(Anmerkung: Als Rezept für Kleinkunstszenenzubereitung gebe ich diese Analyse gerne an alle Konkurrenten weiter. Ich schädige mich damit nicht im Geringsten. Eingeweihte wissen aus bitterer Erfahrung, Rezepte nützen nämlich gar nichts; selbst wenn man sie genau kennt, versündigt man sich immer wieder dagegen. Sonst gäbs ja auch keine Durchfälle.)

RUDOLF WEYS

Schale Nußgold
oder
Die Kellnerprüfung

Personen:

FRANZ Rudolf Steinboeck – Anton Resseguier
KARL H. P. Gutherz – Hugo Gottschlich
JOSEF Paul Lindenberg – Wilhelm Hufnagl
SCHURL Grete Heger – Walter v. Varndal
HANSI Liesl Kienast – Gerti Schwenk
DER PRÜFER Walter Engel – Oskar Wegrostek

(Die Prüflinge – Kellner in weißer Dress – sitzen in weitem Halbkreis rund um den Prüfer.)

PRÜFER: Geschätztes Auditorium, hochverehrte Zuträger und Zuträgerinnen, einschließlich Pikkolo, Sitzkassierin und Gebäck! Delegiert vom Gewerbebeförderungsinstitut, ist es meine Aufgabe, Ihnen in schwerer Zeit, bevor daß Sie in alle Winde hinausschnellen, Ihnen also ein letztesmal einzuschärfen, welche Kulturmission unser heimisches Echtwiener-Kaffeehaus in der Welt zu erfüllen hat, vermag und auch kann. Und fürwahr: gibt es ein prächtigeres Bild als unsere lieben Wiener und Wienerinnen hinter den wohnlichen Spiegelglasscheiben eines anheimelnden und natürlich erstklassig geführten Wiener Kaffeehauses? Blicken Sie auf unser »Victoria«, »Dom« und »Schwarzenberg«, aufs »Sacher«, »Jungwirth« und »Museum«, auf unser »Herrn-«, »Atlas-«, »Goethe-«, »Rudolfs-« und »Heinrichshof« – das gibt es kein zweitesmal, das darf es kein zweitesmal geben! *(Wischt sich den Schweiß von der Stirne.)* Bevor daß Sie also hinausschnellen, werde ich mir erlauben, Sie einer kleinen Prüfung zu unterziehen, ob Sie auch imstande sind, Ihren Stand voll und ganz auszufüllen. Karl Domeier, Komm außer.

KARL *(tritt vor):* Der Herr gewunschen, bitte –??

PRÜFER: Der Tonfall war net schlecht, a bisserl rescher könnt er noch sein. Also, Sie, Karl, sagens mir: Was ist ein »Kapuziner, mehr licht mit Schlag«?

KARL *(sehr rasch):* Ein »Kapuziner, mehr licht mit Schlag« ist beinahe dasselbe wie eine »Schale Nußgold mit Haut«, nur eben natürlich mit »Schlag« statt mit »Haut« und um eine Idee mehr dunkel.

PRÜFER: Sehr brav, setzen. *(Blättert im Katalog.)* Josef Hundsgruber?

JOSEF: Hier!

PRÜFER: Was ist eine »Teeschale«?

JOSEF: Eine Schale Tee.

PRÜFER: Ganz falsch, Karl, sagen Sie's!

KARL *(stotternd):* Eine Tasse …, eine Schale … zum Teetrinken, ich bitte!

PRÜFER: Eine Schand für einen werdenden Zuträger, so was nicht wissen! Eine Teeschale im Kaffeehaus ist nichts als eine Maßeinheit. Eine »Teeschale, mehr licht« zum Beispiel, das is eine »Kaffeeschale Lauf«, also ein laufender, normaler Kaffee. Denn a wirklicher Tee is nie eine »Teeschale«, sondern immer eine »Portion«. Und die »Portionen« zerfallen in – *(deutet auf Franz)*, – na, sagens es!?

FRANZ: Die »Portionen Tee« zerfallen in: »mit Rum«, »mit Milch«, »mit Zitrone« und »mit ohne«, ich bitte.

PRÜFER: Brav. Kennens vielleicht auch die verschiedenen Arten »Melange«? Obwohl, das is eigentlich schon mehr Hochschulstoff und dürft Ihnen demnach zu schwer sein?

FRANZ: Man unterscheidet achterlei Arten »Melange«. Die häufigst vorkommende ist die »mit Schlag«. Es gibt aber auch hier »mit ohne«, ferner »passiert« oder »mit Haut«, dann »mit Haut und mit Schlag«, »mit Haut und ohne Schlag«, »ohne Haut und mit Schlag«, und schließlich »ohne Haut und ohne Schlag«.

PRÜFER: Danke, ich seh schon, Sie verdienen Auszeichnung. Fräulein Hansi Honigmeier? *(Hansi steht auf.)* Indem daß das Kellnergewerbe ein durch und durch männlicher Beruf ist, wäre dementsprechend das Frauenstudium stark hintanzuhalten. Oder haben Sie vielleicht ein eigenes Kaffeehaus?

HANSI: Das grad net, aber i studier auf »Gebäck«.

PRÜFER: Das geht schon eher. Immerhin birgt der Beruf gewisse Gefahren für ein junges Mädchen. Was machen Sie zum Beispiel, wenn ein Herr unter dem

Vorwand, bei Ihnen was zu bestellen, fragt, was Sie am Abend machen und so weiter? Na, Sie wissen schon …?!

HANSI: Das ist sehr einfach, bitte! Da sag ich ihm folgendes: »Auf d' Nacht, mein Herr, geh ich schön nach Haus. Ins Kino geh ich zwar auch hie und da, aber nur, wenn *ich* Lust hab. In Stadtpark setzt ich mich in der Finstern prinzipiell nicht, und wo man sich sonst »ungestört« unterhalten kann, weiß ich nicht. Wenn ichs aber wüßt, ging ich mit Ihnen auch nicht hin. Da somit alle Möglichkeiten erwogen sind, können Sie sich weitere Privatfragen sparen und mir bekanntgeben, was ich Ihnen servieren darf.«

PRÜFER: Sehr gut. Was glaubens, was sagt Ihnen der Kren drauf?

HANSI: »Danke schön, ich hab kan Appetit mehr!« Und putzt sich.

PRÜFER: Na, fürs Lokal is das zwar schlecht, aber in sittlichem Betragen verdienens ein Einser. Danke, Sie können sich setzen. – Josef, für Sie noch eine Frage, weils früher versagt haben. Aber jetzt passens genau auf. Was is alsdann »einmal Natur«?

JOSEF *(stotternd):* »Einmal Natur …, einmal Natur …«

PRÜFER: Was? Das wissens auch nicht?

JOSEF: Bitt schön, damals hab ich gefehlt!

PRÜFER: Mein lieber Herr, mit solche Kenntnisse könnens net als Kompensation ins Ausland! Passens auf: »Ein Schwarzer« is manchesmal ein »Türkischer« und manchesmal ein »Mokka« –

JOSEF *(unterbrechend):* Bitt schön, i waß schon: Der letztere, nämlich der »Türkische«, is teils »passiert«, dann is er »natur« oder »gewöhnlich«, dann is er »gewöhnlich«. Auch da gibts wieder »Nuß- oder Teeschale«, man kann zur »passierten Nußschale« ein »Schlag« oder zum »Doppelmokka natur« gar nix nehmen oder umgekehrt –

PRÜFER *(unterbrechend):* Sehr richtig, das laßt sich permutieren. Was »ein Kapo, sehr hell«, eine »Melange, sehr heiß«, »ein Doppelmokka, gespritzt«, oder ein »Mazagran« ist, geht demnach eindeutig aus dem Obengesagten hervor. So und jetzt hätt ma noch den Schurl. Komm außer, Pikkolo!

SCHURL *(mit Hangerl, devot):* Der Herr gewunschen, bitte? Schon befohlen?

PRÜFER: Um eine Idee zu servil sagens das. A Wiener derf nie vergessen lassen, daß er von Natur aus eigentlich resch is! Paß auf: wann ein Herr bestellt: »Einmal Sahne!« Was denkst da da sofort?

SCHURL: Daß er Herr a Preuß is, Herr Professor. Eine »Sahne« is nämlich in Wahrheit immer »ein Schlag«, äußerstenfalls ein »Obers«.

PRÜFER: Sehr gut. Was kann der Herr zum »Wiener Frühstück« haben?

SCHURL: Ei, Jam, Honig, Marmelade, ganz nach Belieben. Wann aber der Gast statt dem Honig telephonieren gehen will, so ist das in besseren Lokalen nicht gestattet.

PRÜFER: Wenn ein Gast eine Zeitung wünscht, wo ist dieselbe?

SCHURL: In der Hand.

PRÜFER: Sehr brav, mein Sohn, setz dich. Jetzt noch eine Abschlußfrage, bevor ich Sie alle für reif erkläre für den Dienst am Kunden. Stellts euch einmal alle vor, ein Gast ruft »Zahlen!«. Was machts Ihr da? *(Alle zeigen auf.)* Na, Franz?

FRANZ: I geh sofort hin und kassier ein.

PRÜFER: Ganz falsch. Ihnen muß ma umschulen auf ein Gaskassier. – Pepi?

JOSEF: Ich schau, ob der Gast zu mein Rayon ghört.

PRÜFER: Schon besser. Was meinen Sie, Fräulein Hansi?

HANSI: I scher mi net drum.

PRÜFER: Sehts es, von einer Frau müßts Ihr euch beschämen lassen! Ruft der Gast »Zahlen!« und es hörts, sag ma, der Pikkolo, was is dann? Schurl?

SCHURL *(ratschend)*: Hörts der Pikkolo, kümmert er sich net drum. Kümmert er sich aber ja drum, sagt ers dem ersten Zuträger, der sagts dem zweiten. Wann der Gast Glück hat, geht des jetzt so weiter bis zum Marqueur, der was bekanntlich der Ober is. Wann aber der Gast ka Glück hat –

PRÜFER: Karl, fahren Sie fort!

KARL: Wann daß der Gast kein Glück hat, fangt er halt wieder von vorn an mit sein depperten »Zahlen!«.

PRÜFER: Jetzt aber Annahme, bitte: Annahme – in der Praxis kommts ja eh nie vor! – daß es gleich beim ersten Mal der Marqueur hört, was is dann?

KARL: Dann derf der Ober nie sofort hingehn. Sofort hingehn is absolut unfein, das schauert ja aus, als ob ma in St. Pölten ausglernt hätt und net beim »Sacher«. Besser Fliegen fangen oder jede andere Arbeit, nur net hingehn!

PRÜFER: Sehr richtig! Besser Fliegen fangen oder jede andre Arbeit, nur net hingehn! Mit dieser Lebensregel wollen wir unsere heutige Gewerbeförderung beschließen. Alle ohne Ausnahme sind mit Auszeichnung für reif erklärt, österreichische Volksbräuche in alle Winde zu tragen, gemäß dem Wahlspruch auf unserem Panier: Na – –?

ALLE *(erheben sich und sprechen mit dem Prüfer unisono): Wiener Kaffee über alles, wenn er nur will!!*

(Vorhang.)

Der Scherben

Tingeln kann grauslich sein. Tingeln kann herrlich sein. Und für das paarmal »Herrlich« nimmt man das viel öftere »Grauslich« in Kauf. Meistens sind Menschen da, die es sehr nötig haben, erheitert zu werden. Und wenn das gelingt, ist es schön. Das Grausliche entsteht dadurch, dass man beim Tingeln von irgendwo dazu aufgefordert wird, und dieses Irgendwo kennt man ja meistens nicht, es ist also ein fremdes Irgendwo. Die Menschen, die es veranstalten, die Räume: die Säle, die größeren Zimmer, die Podien, die Zelte, die Gärten, die Bühnen, die Schulklassen, die Keller, die Turnsäle, die Dächer, die Wiesen, die Höfe – was sich da halt so zusammenläppert. Es kann romantisch sein, komisch, aufregend, lustig, gefährlich – es hängt davon ab, was die Veranstalter draus machen, ob das Ganze mit Talent organisiert ist oder dilettantisch und lieblos.

Man begegnet Tüchtigkeit, Idealismus und völliger Ahnungslosigkeit, Indolenz und Hilflosigkeit. Die Begegnung mit dem Publikum wird einem sehr oft sehr schwer gemacht: Zum Beispiel erwartet einen auf die vorherige Bitte um schönes Licht eine Gruftbeleuchtung mit Kerzenschimmer, wo man sich rufend bemerkbar machen muss: »Hier bin ich! Sie sehen mich zwar nicht, aber vielleicht können Sie mich hören!« Aber auch das ist nicht immer selbstverständlich. Vielleicht sind alle Fenster offen, und der Straßenlärm übertönt alles. Vielleicht spielt in der Nähe eine Musikkapelle. Oder das Vom-Publikum-gesehen-Werden ist durch liebevolle Begrüßung unmöglich gemacht: Die Bühne ist so mit Blumen überfüllt, die auch die ganze Rampe entlangwachsen, dass man dahinter versteckt ist und nur mühsam hinter dieser oder jener Blüte hervorspähen kann. Die Bitte, die Blumen wegzuräumen, trägt einem den Verdacht ein, dass man Blumen nicht mag. – Oder nach der Bitte um ein ja gutes Klavier finden wir ein altes, armes Einstklavier, die Pedale stecken und, obwohl »eh gestimmt«, einen halben Ton zu tief oder zu hoch. (Erik Werba war auch dabei bewundernswert großzügig. Das Äußerste war, dass er lachend sagte: »Hast den alten Scherben gsehn!«)

HANS WEIGEL
Die Kleinkunst
In der Literatur am Naschmarkt gesungen
von Hilde Krahl

Mit saueren Trauben komm' ich zu euch,
Ich belle den Mond an und 's Dritte Reich,
Ein Brettl muß mir die Welt bedeuten,
Dort halt' ich Gerichtstag vor neunundvierzig Leuten.

Erst brech' ich über den Dingsda den Stab,
Dann trag' ich den Ehschowissen zu Grab,
Der Wie-heißt-er-nur-G'schwind kommt in Acht und Bann,
So kämpft man halt gegen Windmühlen an.

Ich schimpf': Die Theater sind alle nichts wert,
Ich schimpf' auf den seligen Völkerbund,
Doch wenn man den auflöst und jene sperrt,
Dann ging auch die ganze Kleinkunst zugrund.

Und gäb's keinen Gaskrieg, wär's grad so a Gfrett,
Weil ich für die Songs keinen Stoff mehr hätt'.
Drum bet ich, vor allem in Hinblick auf Wien:
Gott erhalte die Dinge – gegen die ich bin!

Hans Weigel über Peter Hammerschlag

Ich wundere mich, daß es meines Wissens noch niemandem aufgefallen ist, wie sehr die Conférenciers der beiden führenden literarischen Kabaretts in den dreißiger Jahren in Wien charakteristische, redende Namen hatten, Gutherz in der »Literatur am Naschmarkt« und Hammerschlag im »Lieben Augustin«.

Sie stimmten.

Der »Liebe Augustin« im Keller des Cafés Prückel, Ecke Stubenring–Luegerplatz, war zuerst da, und er war überaus, restlos, radikal kabarettistisch: Keine gebauten Dekorationen, nur eine Art Schultafel hinten in der Mitte, eine Tänzerin tanzte, ein Schnellzeichner zeichnete schnell. Einer der Schauspieler konnte gut steptanzen.

Im Zentrum des Programms stand in den ersten Jahren Peter Hammerschlag, der auch Rollen spielte und der nicht nur ansagte, sondern auch seine große Nummer hatte.

Auch er war, wie Gutherz, ein Sohn aus gutem Haus, aber sicherlich ein verlorener. Der Name Hammerschlag gehörte auch einem Bankdirektor, einem Universitätsprofessor. Ich kannte eine hervorragende Bratschistin Lotte Hammerschlag.

»Peter Hammerschlag« war also ein bürgerlicher Name, obwohl er wie das Pseudonym eines der legendären Münchner »Elf Scharfrichter« wirkte.

Peter Hammerschlag war das, was man heute »Unterhalter« nennt, wenn auch auf hoher, auf intellektueller Ebene. Eine Veredelung der Spezies »Blitzdichter«, sehr liebenswert, sehr schrullig, unberechenbar, introvertiert, ein Original, das aber, im Unterschied zu den meisten andern, seine Originalität nur lebte, nicht pflegte. Er war ein konstitutioneller Dichter, es dichtete in ihm und aus ihm heraus, es assoziierte, es blödelte, es imitierte, es parodierte.

Von außen besehen, wirkte er im »Lieben Augustin« als Conférencier und als Blitzdichter. Man rief ihm Wörter und ein Thema zu, er produzierte a tempo ein Gedicht mit diesen Wörtern über dieses Thema. Ein andermal improvisierte er eine Szene über ein aktuelles Thema im Stil eines vom Publikum bestimmten Dramatikers.

Die Blitzdichtungen waren oft überraschend, nur gelegentlich routiniert, immer klug.

Aber eigentlich waren es nicht die Parodien und waren es nicht die Conférencen und waren es nicht die Improvisationen; es war die Persönlichkeit namens Peter Hammerschlag, halb liebenswert, halb unheimlich, stets faszinierend, ein in die Welt gestoßenes Kind, ein vom Intellekt heimgesuchter reiner Tor, ein entlaufener Bürger, ein Lyriker, dem zarte Verse gelangen, der die Diminutive liebte und Stimmungen zauberte. Manchmal rief man ihm Titel seiner Gedichte zu, und er sagte sie dann auf. Er dichtete auch Chansons, sie waren gelegentlich von bedeutender Phantastik: der jüdische Cowboy, das Seemannslied der Donaudampfschiffmatrosen, das Terzett eines Sängerknaben, eines Revellers und eines Donkosaken.

Anfangs schrieb er fast das ganze Programm, er ließ an Ringelnatz denken, der sich auch in Kabaretts produzierte, aber lediglich als Interpret seiner Werke, nicht als Allrounder.

Als die Konkurrenz größer wurde, als »ABC« und »Literatur am Naschmarkt« und gelegentlich ephemäre Gruppen dem ältesten Kabarett zu schaffen machten, kam die Umstellung auch im Keller des Cafés Prückel. Regisseure zogen ein, das Ensemble wurde größer, die Dekorationen aufwendiger, auch die Kostüme, man spielte Vierzigminuten-Stücke. Und Peter Hammerschlag rückte vom Zentrum an den Rand.

Er hatte einen gleich alten Freund und Förderer: Friedrich Torberg, der ihm auch half, gelegentlich Verse in Zeitungen und Zeitschriften zu veröffentlichen. Natürlich erschien damals kein Hammerschlag-Buch, und daß er ein Poet war, fiel keinem auf, der dazu verpflichtet gewesen wäre.

In einer belanglosen Szene, die ich mir gemerkt habe, hatte sich einmal das Augustin-Ensemble selbst dargestellt, und Peter Hammerschlag, der die Szene geschrieben hatte, hat die Bühne mit dem Satz »Ich geh' Zigaretten schnorren« verlassen. Das ist mir in Erinnerung geblieben, denn es war charakteristisch für ihn, daß er, ein starker Raucher, immer alle andern um Zigaretten bat.

Als er im Hitler-Österreich nicht bleiben konnte, gelang es ihm, nach Jugoslawien zu kommen. Weltfremd und an seine Sprache gebunden, ertrug er's dort nicht. Man hätte ihm weitergeholfen, aber er konnte dort nicht leben und tauchte wieder in Wien auf, wo er nicht leben konnte.

Alexander Steinbrecher, durchaus kein ihm besonders Nahestehender, nahm ihn bei sich auf und versteckte ihn. Es gab damals in Wien etliche solche lebensgefährliche Gäste; man erfand für sie die makabre Bezeichnung U-Boote. Viele haben die bösen Jahre heil überstanden.

Aber Peter Hammerschlag war ein leidenschaftlicher Raucher. Es hielt ihn nicht zu Hause, er ging eines Tages hinunter auf die Straße, um sich Zigaretten zu verschaffen.

Seither hat man nichts mehr von ihm gehört. Mit dem Satz »Ich geh' Zigaretten schnorren« hat er die Szene verlassen.

Friedrich Torberg, obwohl etwa gleich alt wie wir, war nicht nur seinem Freund Peter Hammerschlag, sondern für sehr viele vom Kabarett eine Art Mentor und freundlicher Stammgast. Er nahm sich wie des geistesverwandten Herzmanovsky-Orlando auch Peter Hammerschlags an, als der Krieg zu Ende war. Es gelang seinen intensiven Bemühungen leider nicht, Herzmanovsky-Orlando noch zu dessen Lebzeiten erneut zu den Leuten zu bringen. Und auch Peter Hammerschlag mußte bis 1972 warten, ehe er – nicht wieder, sondern erstmals – in die Buchhandlungen kam. Torberg hatte eifrig und liebevoll und abenteuerlich aus allen denkbaren Quellen die verschollenen Texte zutage gefördert.

PETER HAMMERSCHLAG
Pekinesen

Menschen, die bei Pekinesen dienen,
Lernen eines wahren: die Distanz.
»Wir sind Söhne edler Mandarinen«,
Sagen schon der Pekinesen Mienen.
»Wir sind Blütenschnee und Mondesglanz.

Oh ihr armen, weißen Erdensöhne!
Wißt ihr Pfirsichbaum im Morgenrot?
Wißt ihr Tempelgong und Bronzetöne?
Lü-Jin-Yang, die Kaiserin, die schöne,
Hat mir Perlenhänden uns gefloht.

Unser Urahn – habt ihr das begriffen? –
War der Musenhund von Li-Tai-Pe,
Der ihm seine Verse vorgepfiffen
Auf der Flöte, aus Achat geschliffen.
Radio tut unsern Ohren weh.

Überhaupt sind wir für euch zu schade.
Und wie schlecht wird doch bei euch gespeist!
Bringt uns – wollt ihr weiter unsre Gnade –
Lotosmilch und feingeschabte Jade,
Weil euch sonst der Himmelsdrache beißt …«

Manchmal sieht man diese Pekinesen,
Wie sie schnuppernd durch den Frühlingswind
An Laternenpfählen Spuren lesen,
Ob ein Hundemädchen dort gewesen.
Und man freut sich, daß sie Menschen sind.

PETER HAMMERSCHLAG
Herzbrüderlein Popo

Ist nicht Herzbrüderlein Popo
Dein treuester Geselle?
Blick nicht vorbei! Oh sei nicht so!
Nimm ihn an Brudersstelle.

Du warst ein nackter Erdenhund,
Vertrottelt, hilflos, arm,
Da gab er dir schon Untergrund,
Relief und Wucht und Charme.

Du schlugst mit plumper Kinderkraft
So manches Spielzeug tot!
Da zog man ihn zur Rechenschaft
Der kühn die Stirne bot!

Du mehrtest später den Ballast,
Nahmst Mädchen auf den Schoß
Er gönnte dir's trug Doppellast
Im Kerker seiner Hos!

Du warst sein Abgott, sein Idol!
Stets war er dienend da
Und ehrte dich als Chef. Wiewohl
Er nie dein Antlitz sah.

Erst Goethe schenkte ihm ein Wort,
Hart, kernig, urgesund!
Verklärt lebt der Popo nun fort
In braver Leute Mund!

D'rum achte du auch den Popo,
Lebt er auch hinterwärts!
Und – bist du Schlangenmensch – sei froh
Und drück ihn an dein Herz.

PETER HAMMERSCHLAG

*Angewandte Psychoanalyse
oder Die Ballade vom Lustmörder
Alois Blawatschek*

Alle Jahre einmal im Quartale
Packte es den Alois Blawatschek.
Blawatschek an ihm war das Brutale,
Doch das Alois war ein lieber Schneck.

Und der Mädchen schlanke Sommerhälslein
Wuchsen braun aus duftigem Batist …
Gerne hätte Alois wie ein Gelslein
Hingestochen – nämlich: hingeküßt –

Doch er zahlte ihnen bloß ein Seidel
Und er war und blieb ein Mann voll Charme.
Dachte Blawatschek an Taschenfeitel,
Fiel ihm Alois hemmend in den Arm.

Einstmals saß er friedlich bei den Schrammeln,
Denn das war sein angestammter Sitz,
Da begann um ihn sich zu versammeln
Dr. med. et phil. Knut Horowitz.

»Sie sind einer von den seltnen Fällen!
Lagen Sie im Mutterleibe schief?
Pflegen Sie beim Liebesakt zu bellen?
Träumen Sie? Wie oft, wie lang, wie tief?

Hatten Sie als Kind schon Mörderhände?
War die Frau Mama nicht schizophren?
Herr, Ihr linkes Nasenloch spricht Bände!
Reagier'n Sie ab – sonst wer'n Sie sehn!«

Blawatschek griff sich an's Unterkieferl,
Kratzte es und schlenderte hinaus.
Dort tranchierte er das Psycho-Schlieferl
Und vergrub den Leichnam hinterm Haus.

Rein war nun sein Seelchen, wie ein Spiegel,
Himmelwärts schwamm blau Virginier-Rauch …
»Fräulein Mizzerl! Gollasch und zwei Krügel,
Und den Herrn Doktor zahl ich auch …«

Alois warf sein kleines Taschenmesser
Hinter Grinzing in den Abendwind.
Überhaupt: es war ihm schon viel besser,
Und er sah die Mädchen, wie sie sind.

Mein guter Freund Gerhard Bronner lebte in Florida. Wir sollten bald zu proben beginnen für einen Abend »Peter Hammerschlag«.

Ich wusste nicht sehr viel von diesem Autor. Nur ein tragisches Schicksal war mir bekannt. Ich hätte mit Hans Weigel viel über Peter Hammerschlag sprechen können, sie waren beide Autoren in der Stachelbeere. Auch mein Hans lebt nicht mehr. Er hat mir ja so viel erzählt aus seinem Leben, vor allem von den Menschen, die ihm wichtig waren. Ich glaube, das Schicksal vom Hammerschlag hat ihm zu weh getan. Es fällt mir momentan nicht ein, wer ihn aufgenommen hat, um sein Leben zu schützen. – Oh ja, jetzt fällt es mir ein! Es war Alexander Steinbrecher, der große Musiker, der mir so am Herzen liegt. Der hat ihn aufgenommen, und der hatte selbst Probe am Burgtheater, dessen musikalischer Chef er war. Deshalb musste er seine Wohnung verlassen. Er schärfte noch seinem Schützling ein, ja nicht wegzugehen, es ist zu gefährlich. Er wird gesucht von der Gestapo! Er soll das bitte verstehen! Aber Xandl Steinbrecher hat nicht mit der Sucht des Rauchens gerechnet und Peter Hammerschlag hat es nicht ausgehalten und ist in die Trafik gegangen, um sich Zigaretten zu kaufen.

Und er ward von niemandem mehr gesehen.

Man weiß nur, dass er in einem KZ war. Und das sein Ende war.

Ich bin in meinem Maria Enzersdorf: ich schaue auf die steile Wiese und – glaube, ich bin verrückt! Über diese Wiese herunter kommt ein Mensch mit einem Plastiksackerl in der Hand, der ausschaut wie der Bronner. Ich phantasiere schon! Der Mensch kommt immer näher herunter. Ja, es ist der Bronner. Er geht direkt ins Haus herein, setzt sich zum Klavier, das er für mich kommen hat lassen, und sagt befehlend:

»Erste Probe.«

Und so ging es los bis zur Premiere. Seine Koffer waren irgendwo, aber die Noten waren im Plastiksackerl.

Bei einem Gespräch über Texte bat ich Gerhard: »Ich wünsch mir von dir einen ganz ernsten Zeit-Text.«

Und da war er. Ich habe dieses Chanson in so guter Musik sehr oft gesungen, und jedes Mal habe ich fröstelnd die Tränen zurückgehalten.

GERHARD BRONNER
Für Elfriede Ott

12. März

Zwölfter März, die Uhr hat zwölf geschlagen
Ach, wär es nur die Uhr, da es an's Schlagen geht
Laßt uns zum Abschied leise Servus sagen
Und einen Dienstmann vor dem Westbahnhof fragen:
Wann geht der nächste Eilzug in's KaZet?

… und wenn sie nicht gestorben wären, lebten sie
 noch heute
Sie würden sagen, was sie wüßten,
Aber wer hört schon auf Kabarettisten?
Auf einem kleinen Brettl stehn
Das Unrecht und den Untergang sehn
Man tritt mit Worten gegen Windmühlen an …
Der aussichtslose Kampf ist aus
Die Unvernunft wird – wie so oft – triumphieren
Der Rufer in der Wüste nie.

Jaja, der Wein war guat …
Wir tanzten Ringelreih'n
Servus du – wir hatten dich so lieb …
Herr Ober, ein bisserl Wiener Blut!
Der ganze Jahrgang wird verderben!

Diesmal werd'n auch Hausherrn sterben!
Leise, ganz leise zieht es durch den Lebensraum
Zu ebener Erd und im ersten Stock …
Im Sacher spielt noch ein irrer Jud' Tarock!
Ein blinder Hofrat kiebitzt …
Ach, im Prater blüht so als wäre nichts gescheh'n ein Baum
Das Lercherl von Hernals, es pfeift ein Lied vom Führer
Wer schlägt den Takt dazu? Ein Tapezierer!
Die letzte Blaue fährt, der Mann, der sie versäumt hat,
rief in Salzburg »Jedermann«!
Jetzt is' er selbst a Leich'!
Das Schicksal setzt den Hobel an
Und schaltet alles gleich.

Und wenn sie nicht gestorben wären, lebten sie noch heute
Sie würden sagen, was sie wüßten,
Aber wer hört schon auf Kabarettisten?
Auf einem kleinen Brettl stehn
Das Unrecht und den Untergang sehn
Man trat mit Worten gegen Windmühlen an …
Die Worte sind noch immer da
Die Unvernunft auch – und sie kann triumphieren
Den Rufer in der Wüste hört man leider nie.

PETER HAMMERSCHLAG

Der Zerrissene oder »Wohin rollst du, Christelchen?«

Das süßeste Mädel, das Schnitzler entwarf,
War ich … Aber das is vorbei!
Er hat mir halt Vorschriften g'macht, was ich darf,
Und ich war ihm (durchschnittlich) treu …
Da war grad zu Pfingsten a Heurigenpartie!
Die Mizzi von Schlager, d' Frau Garlan und i,
Der Schnitzler, der Max … uj, a Mordsdrahrerei!
(Und nur das Fräul'n Else war no net dabei.)
Am Nebentisch sitzt a sehr spaßiger Herr:
Sandalen, a Zwicker, sehr bleich …
Da fragt Leutnant Gustl: »Marqueur! Wer ist der?!«
Der sagt: »Bitte sehr! Bitte gleich!«

> Der Herr von Altenberg is das! – Ja, Gnädigste, der kanns!
> Bei dem sind Damen, ohne Gspaß – a Göttin und a Gans!
> Worauf ich noch zur Mizzi sag: – »Du hörst, das wär was Schöns!
> Ich möchte zum Peter auch acht Tag! – I möchte zur Konkurrenz!«

Der Schnitzler hat g'jammert: »Geh Christl, sei gscheidt!«

Doch ich hab mich g'löst aus dem Reigen!
»Wer gibt dir a Christl ab, da, vor die Leut!
Laß di von die Schrammeln hamgeigen!
Der Wein in Rodaun* hat mir eh nimmer g'schmeckt
Und allweil gerührt und zum Sterben aufg'legt ...
Jetzt zeigst mir den Weg ins Freie! ... Leb wohl!
A Mann mit Familie is ka Anatol!«
Ganz fesch war im Riedhof das Abschiedssouper,
Der Schnitzler war bissel verstimmt ...
I mach meine vierzehn Auflagen und geh!
Der Arthur is eh scho berühmt!

> I hau das noble Leben weg! – I muß was Einfachs haben!
> I geh kan Sommerhaidenweg!* – I geh amal am Graben!
> I laß mi jetzt beim Peter schreiben! – Der fliegt auf die Essenz!
> I möcht an Schwarzen schuldig bleiben! – I geh zur Konkurrenz!

Jetzt bin i beim Peter! Das hab i davon!
Er lernt mir das »göttliche Schweigen«.
Er kauft mir a Milch und an blauen Ballon,
Den lassen mir im Rathauspark steigen!
Dabei bin ich innen und außen wie Schnee,
I friß ja nur lauter Erdäpfelpurée!

---

* Rodaun, Sommerhaidenweg: Erholungsgebiete am Stadtrand von Wien.

Und trag »Peter-Altenberg-Schmuck« überall …
I trau mich bald nimmer heraus vom »Central«!
Dann legt mich der Peter um punkt acht Uhr früh,
Ins Betterl, entworfen vom Loos …
Und küßt mir die Fußerln und sagt mir »Marie« …
Nur sonst is halt leider nix los …

    A Göttin sein is eine Plag! – Der Herrgott hat mi g'straft!
    Wann i zum Peter »Arthur« sag – geht er mir gleich in Saft!
    Jetzt wird zum Weinen die Natur – das ist der Schnitzler-Lenz!
    I möchte zum Schnitzler-Turl retour – I möcht zur Konkurrenz!

PETER HAMMERSCHLAG
Die Welt ist klein geworden ...

Wir fliegen über den Ozean und hoch in die Stratosphäre
Wir sehn von New York nach Teheran und holen uns Land aus dem Meere
Wir sprechen von Oslo nach Samarkand ohne die Stimme zu heben
Und können im südlichsten Feuerland die Jazzband aus London erleben.
    Die Welt ist klein geworden
    So winzig klein geworden
    Ein schöner Ball, mit dem du gerne spielst.
    Sie ist ganz dein geworden
    Und allgemein geworden
    Und wartet ab, wohin du mit ihr zielst.
    Wirst du die Macht, die du dir schufst zum Guten wenden?
    Läßt du dich blenden durch ihre Pracht?
    Die Welt ist klein geworden,
    Ist Widerschein geworden
Von dem, was Menschenkraft aus ihr gemacht.

Wir haben die Technik gehegt und gepflegt, wir dünkten uns gut und weise

Wir haben die Erde in Schienen gelegt und kommen nun selbst aus dem Gleise
Chinesische Kulis, japanische Herrn, die weißen Europäer
Sie standen sich immer so unsagbar fern, nun rücken sie näher und näher …
    Die Welt ist eng geworden
    So schrecklich eng geworden
    Man sieht die Luft vor lauter Drähten nicht.
    's ist ein Gemeng' geworden
    Und ein Gedräng' geworden
    Um einen kleinen Platz im Sonnenlicht
    Was nützt die Ernte dir, die unter Dach und Fach ist?
    Der böse Nachbar nimmt sie dir weg.
    Die Welt ist eng geworden
    's ist ein Gezänk geworden
    Um jedes noch so kleine Stückchen Dreck.

Wir sausen mit tausend PS dahin und können es nimmermehr lassen
Wir sitzen im Turm von Babel drin und stempeln uns ab als Rassen
Wir haben das Licht elektrisch gemacht und können uns nicht mehr sehen
Wir haben das Esperanto erdacht und werden uns niemals verstehen …
Die Welt ist weit geworden
So furchtbar weit geworden

Und alle Hoffnungen sind Träumerein
Du bist gescheit geworden
Und bist bereit geworden
Auf dieser weiten Welt nur Spreu zu sein
Was dein Gehirn zu deinem Wohl erfunden
Hat dich gebunden und nicht erlöst
Die Welt ist weit geworden
Und es ist Zeit geworden,
Daß du nicht drunter, sondern drüber stehst.

PETER HAMMERSCHLAG

Von der Lüneburger Heide
und der Simmeringer Had

Vermutlich der letzte den Text,
den Hammerschlag geschrieben hat

BEIDE:
Kennt ihr schon die Liebesg'schichte,
Die sich zugetragen hat
Zwischen Lüneburger Heide
Und der Simmeringer Had?

ER:
Mitzi war im Arbeitsdienste
Hoch im Norden angestellt.

SIE:
Ihren Fritz, den lernt' sie kennen
Zwischen Groß- und Kleinem Belt.

BEIDE:
Beide konnten sich gut leiden,
Sie erzählten sich privat:
Von der Lüneburger Heide
Und der Simmeringer Had.

ER:
Rechts am Rand verlooft die Düne,

Unten links, da liecht det Meer,
Gleich darunter wogt die Lüneburger Heide kreuz und quer.

SIE:
So beschrieb der Fritz die Heimat,

ER:
Wie es dann die Mitzi tat.

BEIDE:
Er die Lüneburger Heide,
Sie die Simmeringer Had.

SIE:
Denn die Simmeringerhaden,
Hörst, die is' aus edlem Stoff:
Erstens blüht das Gaswerk durten,
Zweitens der Zentralfriedhof.

ER:
Tja, die Düne is mehr knorke.

SIE:
Und die Heiden is' net fad!

ER:
Heil, der Lüneburger Heide!

SIE:

Hoch, die Simmeringer Had!

ER:

Und am dritten freien Sonntag
Sank sie hin ins Heidekraut.

SIE:

Beide liebten sich bis Montag
(Nur der Fritz war etwas laut).

ER:

Sprach: Mors, Mors! Und Hummel, Hummel!

SIE:

Sie sagt still: Hörst, sei doch stad!

ER:

Hie sprach Lüneburger Heide,

SIE:

Dort die Simmeringer Had.

SIE:

Fritz war mehr für Arbeitsplanung,
Sie schwärmt für den Urlaub sehr,
Denn der gibt, hörst, hast a Ahnung,
Doch fürs Leben viel mehr her!

Wenn man in Wien zur Welt kommt

Wir sind in den letzten Probenzügen, Wahnsinnsangst, Neugierde, voll Erfindergefühl, Pointen in den noch leeren Zuschauerraum – wird er mit Reaktionen gefüllt sein?

Ist die Aktschlussidee gut? Stimmt der Rhythmus? Textsicherheit – Textunsicherheit – ein Text zum ersten Mal durch Lachen unterbrochen – bin ich textsicher genug? –

Ich weiß nichts – wir wissen nichts – man weiß nichts, noch nie hat man gewusst – nie wird man wissen – alles hat man vergessen – ich hab das Stück vergessen, ich weiß nur mehr, wie es der Susi geht –

Vorpremiere, Gott sei Dank, man kann ausprobieren, bevor geurteilt, beurteilt, für gut befunden, vernichtet, gelobt, beschimpft wird ...

Nächster Abend, Weg ins Theater. (Wie werde ich zurückkommen? Mein Gedanke vor jeder Premiere!)

Parkplatzsuchen, fast unerträglich, Garderobe, sie fängt einen auf. Dieses stille Schminken, dieses Sich-Verstecken, diese Angespanntheit, Aufregung, jeder erträgt es für sich kaum. Man fühlt sich in dieser Angst geborgen. Die Stunde vergeht, die Klingelzeichen: drittes, zweites, erstes. Man greift zu dem, was man sich als Symbol der Hilfe aufgestellt hat. Zu einem Bild, einem Engel, einem Schuh, einem Tier, die Angstgegenstände in den Schauspielergarderoben sind von einer unendlichen Vielfalt. Die gegenseitigen Toi-toi-tois sind beklommen, irgendwie feierlich, aber immer schwingt etwas von Beileid mit.

... »Achtung, das Stück hat begonnen, der erste Akt läuft!« – Man hat das Gefühl von Bahnhof bei diesen Lautsprecherdurchsagen des Inspizienten, die einen in der Garderobe mit der Bühne verbinden. – Die Armen, die das Stück beginnen. Sie wurden schon hinein – hinausgeworfen. Als Futter. Als Vor-Speise.

Ich habe noch eine Viertelstunde zu überstehen, bis zu dem Moment, wo mir keiner mehr helfen kann. So oft habe ich diesen Augenblick erlebt! Das gibt es doch nicht, dass ein Mensch so Herzklopfen haben kann – ich müsste es beruhigen können. Aber wer beruhigt mich? Mein Herz hat keine Chance. Ich prüfe mein Gehirn: erster Satz »Servus Dora ... Na, freust dich gar nicht?« ... was kommt dann? Dunkel, Leere, ich hab es einmal gewusst, es ist lang her. Heute vormittag. Es muss etwas mit meinem Gehirn geschehen sein, vielleicht weiß ich nicht, dass ich sehr krank bin. Ich versuche den übernächsten Satz, aber der fällt mir auch nicht mehr ein. Schweißausbruch. Ich stehe im Gang zwischen Garderobe und Bühne, die Tränen rinnen mir herunter, ich habe die Maske, das Kleid einer lustigen, selbstsicheren Person – ich bin zu einem unglücklichen Nichts zusammengeschrumpft. Die Vorbeigehenden klopfen mir noch einmal ermutigend ihre Tois, lachen mir zu, ich lache zurück und denke: Wenn ihr wüsstet, was jetzt passiert. Fünf Wochen habe ich gearbeitet wie ein Schauspieler. Für diesen Moment. Und in ein paar Minuten ist alles aus. Wie werden die Leute reagieren? Werde ich ihnen leidtun? Oder wird die Schadenfreude aufblühen? Ich werde auftreten und werde wieder weggehen, und der Vorhang wird gefallen sein, und es wird einer vor den Vorhang gehen und mit Begräbnisstimme mitteilen, dass die Darstellerin der Susi versagt hat. Aus – schwarz – Angst – nie wieder!

»Bitte zum Auftritt, bitte zum Auftritt!« – Vielleicht wird es besser, wenn ich schon hinter der Bühne stehe. Nein, nichts wird besser. Ärger – ärger – Herz – Herz – … Butler: »Ein Fräulein Baumstingl«. Dora: »Ich lasse bitten!« –

Jetzt – aus – »Servus Dora, freust di gar net? Ich hab Ihnen g'sagt, sie wird sich freun. Ist das ein echter Butler? Ich kenn auch einen …« Wieso hab ich denn weitergeredet, es war doch der nächste Satz – Lachen! – der Satz war ein Lacher! Ich taste mich zum nächsten – spüre Reaktion aus dem Zuschauerraum, zum nächsten – ganz langsam, nicht »ha, ich bin drüber«, vorsichtig, ich prüfe mich, höre mir zu – versuche – mit der Zeit löst sich etwas in mir, ich bin wieder auf der Erde, die mir so viel Welt bedeutet. Ich arbeite. Ich werde nicht getragen, aber die Reaktionen des Publikums helfen mir, präzise zu setzen, das umzusetzen, was wir uns erdacht haben. Es läuft, es rattert nicht, es sitzt und fließt der erste Akt, der zweite Akt mit dem lustigen Telefongespräch, das wir erwiendichtet haben, es stimmt – der zweite Akt, keine Langeweile, keine Längen –, wir spüren, wo wir noch anziehen müssen im Tempo, der Rhythmus ist noch nicht in uns – zweiter Aktschluss (die Überraschung vor der Pause ist in Stücken dieser Art so wichtig) – die harmloseste Verwechslung, ewig im Lustspiel, das Publikum hat nicht durchschaut, dass der Herr, den die Susi da geholt hat, als Sektionsrat, gar nicht der ist, sondern ein alter Spezi von ihr, ein Gangster. Mit ihm allein geblieben, steht sie erst vornehm tuend vor ihm und springt dann unvermittelt auf seinen Schoß! Vorhang – wir erschrecken, mein Partner und ich! So ein Auflachen gibt es nicht mehr. Das war ein Lachschrei. Sie beruhigen sich noch immer nicht. – Dieses Lachen hört nicht plötzlich auf. Das wird immer weniger mit Nachgekicher – »Na so was« – »Nein!« es ist nicht mehr deutlich zu hören hinter dem Vorhang. Wir bleiben einen Moment lang sitzen und kosten das aus. Denken beide dasselbe. Es ist alles wurscht. Wenn man einmal an irgendeinem Abend so lacht, dann waren wir zu was gut heute. Die Stimmung bleibt, die Leute mögen uns, sie sind verfröhlicht.

Furchtbare Verrisse. Das Ende des Theaters. Eine Schande. In allen Kritiken wird der Inhalt dieses kindischen Kriminalgeblödels nacherzählt. Ich bin sehr erstaunt über den Inhalt. Auf den habe ich ganz vergessen. »Arme Schauspieler. Verheizt. Für Besseres zu verwenden.« Von unserem kleinen Kunststück gar keine Rede. Also Irrtum, alles umsonst. »Der Abend ist wieder einmal einer der einmaligen Abgründe, durch nichts zu über- und unterbieten.« Wie so oft.

Wie kann man noch einmal am nächsten Abend ins Theater gehen, wie kann man die Kraft finden, das zu überbrücken, zu verdrängen, von vergessen ist keine Rede, zu überstehen? ...

Qual. – Lachen, Freude.

Zweiter Aktschluss! Lachschrei.

In meinem Soloprogramm mit Erik Werba am Flügel erhielt ich von Hans Weigel eine musikalische Nummer, die ein Höhepunkt werden sollte. Aber wie konnte eigentlich so ein Werk entstehen? In den Dreißigerjahren, und in meiner Zeit noch derart gültig! Ja, das ist so, mit guten Texten und Musik.

Hans Weigel: So geschah es in einer Nacht, Hans Horwitz, Rudi Spitz und ich begaben uns zu mir, waren nicht sehr wohlgelaunt, es fiel uns wenig ein, das heißt: Wir hatten eine Idee, aber wir meinten, daß sie sich nach einer Minute verbraucht haben und keine ganze Nummer tragen würde. Es war die Verbindung von Operntexten und nicht dazu passenden Melodien, etwa »Auf in den Kampf« auf die Melodie des Preislieds« oder »Wie eiskalt ist dies Händchen« auf den Cancan aus »Orpheus in der Unterwelt« gesungen, satirisch auf die damalige Opernsituation anspielend, und dann vier verblödelte Inhaltsangaben: »Carmen«, »Aida«, »Boheme«, »Ring des Nibelungen«. Die Idee war, daß Staatsopernmitglieder für ihr schlechtgehendes Haus auf der Straße durch »Vorschauen« warben.

Wir waren mißmutig, als alles fertig war, hatten zwar pflichtgetreu geliefert, aber nichts Rechtes zusammengebracht. Das Stadium war erreicht, indem wir sagten: »Ich geh nach Hause, aufstehen.«

Die Stachelbeere

Solange es in Wien das Cabaret »Die Stachelbeere« gegeben hat, war Hans Horwitz dort Hauskomponist. Er ist nach Amerika emigriert und zum Bedauern von Hans Weigel nicht nach Österreich zurückgekehrt. Er war die kalifornische Außenstelle in Ö-Dur. Die musikalische Parodie war eine große Form. Bei einem kurzen Besuch in Wien hat er in der Gesellschaft für Musik einige parodistische Kompostionen gespielt. Er ist – schade, dass man »klass« nicht schreiben kann. Er war damals nur ein paar Tage in Wien, und an einem dieser Tage waren im Mozartsaal die »Lustigen Klassiker« mit seiner Opernparodie »Demnächst in diesem Operntheater«. Er war glücklich, dass er in Wien gespielt wird und dabei sein konnte. Ich habe ihn in einer kleinen Conference vorgestellt, seine Geschichte erzählt, ihn von seinem Platz im Zuschauerraum auf die Bühne geholt, und er hat uns bei seiner Opernparodie begleitet. Ich sage uns, denn Erik Werba hat Cembalo gespielt.

Er hat sich noch einmal vor dem Publikum in Wien verbeugt.

Das Kabarett »Stachelbeere« begann und schloß mit einem Ensemblegesang von Rudolf Spitz:

Draußt in Döbling am Wald,
Wo das Hifthorn erschallt,
Wächst im Grünen die Stichel-Stachelbeere.
Stichel-Stachel sind auch wir –
Recht begabt, aber stier –
Denn wir geben der Wahrheit die Ehre.
Ist die Schale rauh in manchem Falle,
Bitten wir doch alle,
Dies zu übersehn.
Schaun S', da drin, meine Herrn,
Steckt ein echt gold'ner Kern:
Und der ruft donnernd: Auf Wiedersehn!

HANS WEIGEL UND RUDOLF WEYS
Aus »Die drei Wünsche«

Hedy Hasenauer *(ein junges Mädchen, tritt aus dem Vorhang; Musik):*
Ich geh' sehr gerne tanzen
Und ungern ins Kolleg.
Ich trag' mein Herz auf Taille
Am Sommerheidenweg.
Oft gibt ein Mann mir Auskunft,
Doch bleibt es Liebelei,
Ich bin sowohl dem Schnitzler
Als auch dem Kästner treu.

Bald zieht es mich zum Gustl
Und bald zum Fabian,
Teils heimelt mich der Foxtrott
Und teils der Walzer an.
Ich stecke halb im Heute
Und halb im Gestern drin,
Weiß nicht, ob ich vom Schnitzler
Oder von Kästner bin.
Musik aus.

Das erste gedruckte Theaterprogramm vom Akademietheater war mit einem Druckfehler meines Namens. Es stand Felicitas statt Elfriede. Damals hatte es gestimmt: Felicitas, die Glückliche. Bei meinem Schauspielerberuf hat es gestimmt. Ich hatte, wenn ich zurückschaue, wirklich Glück. Es waren natürlich auch Tiefs, aber es wäre falsch, wenn ich das nicht gehabt hätte. Jetzt möchte ich aber mein Anfangsthema weiterführen.

Eine Begabung hat in mir geruht, um auszubrechen. Ich wollte unterrichten. So hatte ich eine kleine Gruppe von jungen Leuten, die das Theaterspielen erlernen wollten. Sie kamen zu mir, und meine Wohnung war plötzlich ein Studio. Unter meinen Schülern war André Heller, einer, den ich immer treffe, der Ottwald John, der in vielen Produktionen des Experiments zu treffen ist – wenn ich an Vergangenes zurückdenke, erscheint mir das meiste unglaublich.

Wenn nichts mit diesem Beruf gegangen wäre: Das Einzige, das mich interessiert hätte, der Lehrberuf: Mami ist mit mir zur Lehrerbildungsanstalt gegangen, und dort hat man mich nicht genommen. Ich sei zu schwach, zu dünn, für diesen schweren Beruf einer Lehrerin nicht geeignet. Heute, wenn ich durch die Hegelgasse gehe, überfällt mich die Erinnerung. Gleichzeitig bin ich dankbar. Was wäre aus mir geworden, wenn ich dort gelandet wäre? Aber ich glaube, auch da wäre ich Schauspielerin geworden, denn es gab nichts, das mich davon abgehalten hätte.

Mein Vater war strikt dagegen. In seinem Uhrengeschäft waren viele Schauspieler vom nahen Burgtheater, die ihm abrieten. Es wäre ein zu schwerer Beruf.

Er bestand darauf, ich sollte einmal das Geschäft übernehmen. Dazu müsste ich das Handwerk erlernen. Und das habe ich gemacht. Heute erscheint mir diese Zeit als großes Opfer fürs Theater. Aber das hat dann funktioniert. Ich habe Glück gehabt.

Zum Beispiel, dass ich im Rathaus zur damaligen Kulturstadträtin gegangen bin, ihr gesagt hab', dass ich gerne unterrichten möchte, sie sagte, das ist ein Zufall – ich brauche jemanden, der in der Schauspielabteilung des Konservatoriums die Abteilung übernimmt. Sie werden das tun! – Und so war ich auf dieser Position, 20 Jahre meines Lebens.

Auch wieder ein ganzes Stück lang. Und von dort sind so viele junge Leute zu erstklassigen Schauspielern aufgestiegen, die ich jetzt im Theater und im Fernsehen wiedersehe. Und mit allen bin ich noch immer in Verbindung und auch sie untereinander. Das sind meine Lebensfreuden.

Und da stand ich zum ersten Unterricht. Vor mir einundzwanzig junge Menschen. Erwartungsvolle Blicke auf mich. Wie tut man das jetzt? Eins zu einundzwanzig. Wie fange ich an? Und plötzlich baut sich eine Beziehung auf, die mich trägt. Es war so eine erstaunliche Atmosphäre, die vier Jahre andauern sollte. Ich treffe heute immer wieder jemanden aus diesem Ersten, und sie erzählen mir von unserem »Ersten«.

Es hat mich sehr bald gedrängt, eine Produktion mit ihnen zu machen, zu Ende des ersten Jahres. Da waren auch solche Begabungen darunter! Ich meldete diese Vorstellung an, und wir bekamen den großen Saal des Konservatoriums. »Texte, Szenen, Varianten«. Wir bestanden diese Prüfung, die ich uns allen auferlegt hab. Seither unterrichte ich immer die ersten Jahrgänge, weil ich den jungen, angehenden Schauspielern die Grundlagen des Theaterspielens aus meiner langen Erfahrung beibringen kann. So folgte jedes Jahr eine Produktion. Die Titel waren in den folgenden Zeiten: »Ferdinand Raimund, der tragische Spaßmacher«, »Der unsterbliche Kasperl« von Alfred Polgar. »Chansons Chansons«, »Die jungen Leute bei Arthur Schnitzler«. Da hatte mir Dr. Reinhard Urbach, der ehemalige Dramaturg des Burgtheaters, zu meinem Geburtstag ein Geschenk gemacht. Das Manuskript von einem ersten Akt von »Liebelei«, der nie gespielt wurde. Das war was! Wir spielen dieses Stück des Stückes: Es spielte in einer Tanzschule. Viele junge Leute. Unter denen treffen die Hauptfiguren der »Liebelei« aufeinander. Fritz und Christine und Theodor und Mitzi lernen sich beim Tanzen kennen und werden die Liebespaare vom Stück. Ich habe gedacht, alle Theaterleute werden ob dieser Entdeckung staunen.

Es ist aber, glaube ich, niemandem aufgefallen. Für die jungen Schauspieler war es eine Freude, das zu spielen. Und ich war glücklich über diesen Fund von

Arthur Schnitzler. Hab ich doch die Mitzi im Deutschen Fernsehen gespielt. Der alte Weiring war Hans Moser.

So. Jetzt will ich mich noch an die weiteren Produktionen der nächsten Jahre erinnern:

Die Titel »Rollenspiele« (Ein- und Ausblicke)

Kabarett: »Wir blättern zurück« im Café Prückel. Nachgeblättert dem Kabarettprogramm vor 1938 »Der liebe Augustin«, damals im Prückel gespielt.

Franz Grillparzer – Zum 200. Geburtstag

»Theaterlichter – Gedankensprünge«

»Komödiantisches«

»Spiellust. Der unbekannte Schnitzler«

»Eine kleine Wienerische Phantasie«, Konzerthaus, Großer Saal

»Gedankensprünge«

»Mittelpunkt Wort«

»Hund und Katze«, ein Stück von Hans Weigel (mit Tieren bevölkert)

»Es ist ewig schad um mich«, Ferdinand Raimund in Wien

»Wienerische Volkskomödie«, begonnen bei Hanswurst

»Vergangene Gegenwart«, ein Beitrag zum Millennium von Celan bis Turrini

»Arbeitstitel Liebe«, Rollen, die aus Stücken springen

»Spitzen und Splitter« aus gültigen Zeiten – Kabarett für Schauspieler

»Engel unter uns«, der Engel in der Literatur gespielt beim Theseus Tempel im Volksgarten
»Der Zavozki«, eine Paraphrase auf eine bekannte Vorstadtlegende (Liliom)
»Buben und Mädel« von Franz Molnár

Während ich diese Arbeit beschreibe, sehe ich, wie fleißig wir waren in all den Jahren. Aber das konnte ich nur durch die Unterstützung von Hans Weigel.

Wir haben oft Erlebnisse bei Proben und Aufführungen gehabt. Einmal war es nicht möglich, im großen Saal zu spielen. Wir können uns aber einen anderen Spielort suchen. Es war aber überall alles besetzt. Aber das »Moulin Rouge«, ein reines Nachtlokal, wo wir in einem Rund in der Mitte des Publikums spielen konnten, war frei. Wir genossen diesen Spielort. Einmal war plötzlich die Polizei da. Sie wurde von Leuten auf der Straße, also von Passanten, verständigt, dass im »Moulin Rouge« etwas passiert sein muss, man hörte Schreie bis auf die Straße. Wir fühlten uns wie die Verdächtigten eines Krimis. Wir hatten einen Klassiker geprobt. Erst als die Polizisten sich überzeugen konnten, dass das Mordsgeschrei von einer Theaterprobe kam, schauten sie ein bissel zu und zogen sich nach einer Weile zurück. Vielleicht waren sie auch noch nie im »Moulin Rouge«.

Hans Weigel unterrichtete viele Jahre Lyrik im »Kons«. Einmal unternahm er einen großen Abend mit schwierigen Gedichten aus vergangenen Zeiten, wo alle die Texte auswendig sprachen.

Es war Generalprobe im »Kons«. Ich saß im Parkett und war sprachlos über diese Leistungen. Mein Einwand war nur: »Es ist toll – nur zu lang.« Das sagte ich nach dreistündigem Zuhören.

Ich beobachtete die Bühne, wie Hans Weigel seinen Schülern meinen Einwand wiedergab. Sie standen um ihn herum, und ich hörte nur: »Hans, bleib stark, lass da nix einreden!« Hans blieb stark.

Der Saal war voll – sie sprachen das ganze schwere Programm, und das Publikum tat nicht das, was ich befürchtet hatte, nämlich, dass sie vor Überforderung den Saal frühzeitig verlassen. Nein, sie hielten durch bis zum Schluss und applaudierten endlos. Und nur, weil Hans stark blieb und sich nix einreden hat lassen. Übrigens nahm er für diese Lehrtätigkeit 10 Groschen Gage im Monat. Aber dass man ihm diese ausbezahlt, darauf bestand er. Und unser damaliger Direktor Gerhard Track erfüllte diese Bedingung. Er hatte nämlich Humor: Ich bin heute noch mit ihm befreundet, er musiziert jetzt in Amerika.

Ich habe eine Technik erfunden, die wir bis heute praktizieren. Bevor Schüler aufgenommen werden, müssen sie einen Aufnahmetest bestehen. Dabei können wir Talente nicht wirklich erkennen, denn da gibt es Überraschungen an Entwicklungen, aber irgendwie spürt man, ob da was los ist. Und dabei hab ich einen Paravent, hinter dem sie einzeln stehen, ich sehe sie vorerst nicht. Dann bitten wir sie, anzufangen. Ich konzentriere mich auf die Stimme. Ich habe dadurch in meiner Vorstellung eine Person vor mir, und wenn ich den oder die bitte, herauszutreten, ohne sich im Text zu unterbrechen, ist es meistens ein Moment der Überraschung. Die meisten meiner Kollegen machen mit mir dieses Abenteuer.

Nur – und das möchte ich jetzt erzählen, weil solche Momente nie aus dem Gedächtnis verschwinden. Es war der Moment, wo ich den Lehrern, die ich alle geholt und zu diesem Beruf ermutigt hatte, gegenüber stand, sie standen vor mir. Alle. Ich teilte mit, dass die Stunde meiner Verabschiedung gekommen ist. Ich war zu alt, als dass ich von so einer Institution so eine Position besetzen konnte. Aber das wurde mir erst später bewusst. Im Moment kam mir alles unvorstellbar vor. Diese Ungerechtigkeit. Wie konnte es sein, dass es hier ohne mich weitergehen kann?!

Aber diese Gefühle dauerten nicht lange. Ich bin doch noch in voller Lebenskraft. Mein Beruf ist doch für mich das Leben, und leben will ich doch. Aber sicher geht es vielen Menschen so. Sie kämpfen um sich. Und da war mein erster Gedanke: Ich gründe eine eigene Schule! Und das gelang mir.

Ich will noch einmal zurückdenken, an meinen Abschied: Da war einer meiner Lehrer, den ich besonders geschätzt und ihm das auch immer bestätigt habe, der sagte bei meiner Verabschiedung nur einen Satz: »Da werden wir gleich das mit dem Paravent beim Aufnahmetest abschaffen.« Das war ein Stich in mein Herz, dass ihm sonst nichts eingefallen ist und alle »Meine« geschwiegen haben. Jetzt noch, nach vielen Jahren klebt es in mir.

Vielleicht löst sich eine Kränkung dieser Art auf, wenn man sie aufschreibt. Das habe ich jetzt gemacht.

Aus – Schluss – weg.

Ich habe seit elf Jahren ein selbst gegründetes Schauspielstudio, in dem ich noch unterrichte. Goran David hat jetzt die Leitung. Ich habe es »Studio der Erfahrungen« genannt.

Hans Weigel über Jura Soyfer

Ein apartes junges Mädchen fährt im selben Stadtbahnwagen wie ich von Hietzing Richtung Stadt. Hat sie mich angelächelt? Wahrscheinlich nicht. Aber ich bilde es mir ein. Sie steigt bei der Station Pilgramgasse aus – ich wollte anderswohin, aber ich steige auch aus. Ich gehe ihr nach. Sie merkt es. Bevor ich sie ansprechen kann, kommt ein junger Mann auf sie zu. Sie macht uns miteinander bekannt.

Wir haben über diese kuriose Episode nachher nie miteinander geredet.

Der junge Mann kam aus der Redaktion der »Arbeiter-Zeitung«.

Es muß im Jahr 1932 gewesen sein. Jura Soyfer war jünger als ich. Maria war seine Freundin. Er schrieb für jede Sonntagsausgabe des sozialdemokratischen Zentralorgans ein Zeitgedicht. Wir waren beide Schriftsteller, beide aus bürgerlichem Haus. Seine Eltern waren aus der Sowjetunion emigriert, er war noch dort geboren. Aber er sprach perfekt Deutsch und fühlte sich im Wienerischen wie in Wien zu Hause.

Wir waren beide oppositionell, aber er war viel mehr homo politicus als ich. Wir hatten beide kabarettistische Ambitionen, das war die einzige armselige Chance für einen damaligen jungen Autor.

Bald waren wir gute Freunde, wir sahen einander

immer wieder und hatten immer Gesprächsstoff. Er war nicht gerade ein verbummelter Student, ebenso gewiß auch kein Kaffeehausliterat, aber er führte eine Art Boheme-Leben mit Kaffeehaus-Runden bis in die tiefe Nacht.

Allmählich kam ich in die neugegründeten literarischen Kabaretts. Jura war Autor und führender Kopf in dem heute legendären »Politischen Kabarett« der SPÖ. In eine Premiere nahm er mich mit, in den Theatersaal in der Riemergasse.

Er schrieb für »Literatur am Naschmarkt« seine kurze Szenenfolge »Der Lechner-Edi schaut ins Paradies«. Er war begabt, mehr als begabt, dramatisch, sprachlich, lyrisch. Das Kabarettistische war nur eine Ausweichform für ihn. Einige Jahre älter hätte er sein müssen und noch einen Zipfel des republikanischen Mitteleuropa erwischen müssen wie Ödön von Horváth, mit dem er verwandt war, nur lagen ihm auch die musikalischen Formen: Song, Couplet, Chanson.

Wir schrieben einmal miteinander eine Conférence für einen bunten Abend in einem Arbeiterheim. Wir legten die Conférence dem braven Soldaten Schwejk in den Mund, wir liebten beide diese Figur. Der Abend fand an einem Sonntag statt. Schwejk sagte: »Daß der nächste Krieg kommt, ist sicher. Wann er kommt, ist nicht sicher – aber bestimmt nicht vor Mittwoch, weil: bis dahin is Fasching.«

Wir waren zu optimistisch gewesen. Denn es war Sonntag, der zehnte Februar 1934. Und der Bürgerkrieg kam schon am Dienstag.

Mit dem Ende der legalen Sozialdemokratie begann

die große Umschichtung innerhalb der österreichischen Linken.

Bis dahin waren die Kommunisten kaum vorhanden gewesen. Nun wendeten sich viele der (illegalen) KP zu, enttäuscht von dem, was sie den »Verrat der sozialdemokratischen Führer« nannten. Die andere Gruppe vereinigte sich zu einer neuen, illegalen Sozialdemokratie und nannte sich R. S. (Revolutionäre Sozialisten).

Jura kam sehr bald zu mir. Ich wohnte in einer großen Wohnung, Margarethenstraße 22, meist allein, da meine Eltern abwechselnd in Prag und in Wien waren. Die Wohnung war für konspirative Zwecke auch insofern geeignet, als sie im Vorderhaus lag und der Hausbesorger sich im Hinterhaus befand. Man konnte also relativ unbeobachtet aus und ein gehen. Unsere Hausgehilfin, Franziska Pöller, Fanny genannt, war diskret. Sie merkte nichts oder tat so.

Zunächst brachte Jura seine Freunde, »Februar-Kämpfer«, Mitglieder des sozialdemokratischen Schutzbunds, die untergetaucht waren und möglichst bald außer Landes geschafft wurden. Einige übernachteten bei mir in der Margarethenstraße. Dann wurde Material in meinem Zimmer deponiert, Broschüren, eine Vervielfältigungsmaschine. Auch fanden bei mir immer wieder Besprechungen statt. Ich war nicht aktiv an all dem beteiligt – ich stellte nur meine Wohnung jedem, der darum bat, zur Verfügung, ohne zu fragen, ob R. S. oder K. P.

Ich wußte aber, daß Jura sich für die K. P. entschieden hatte. Seine Lage als Autor hatte sich verschlechtert, denn die ständige Einnahme »Arbeiter-Zeitung« fiel weg, ebenso das

Politische Kabarett, ebenso die kleinen »Geschäfte« innerhalb der Partei, wie die Conférence für das Arbeiterheim.

Einmal fragte mich Leo Askenasy (heute Leon Askin), ob ich für das Kabarett ABC etwas schreiben könnte. Ich konnte nicht. Ob ich ihm einen Autor empfehlen könnte. Ich sagte: »Probier's doch mit dem Jura. Wie verläßlich er ist, kann ich nicht beurteilen. Aber er ist ungeheuer begabt.«

Die Arbeit Juras für das ABC begann. Ihr verdanken wir eine schmale, dürftige Reihe von Texten, kabarettistische Szenenfolgen, gelegentlich abendfüllend, zeitkritisch, lokal und aktuell gebunden. Sie sind fast alles, was von einem bedeutenden Autor überliefert ist. Eine erste Ausgabe erschien 1948 im Globus-Verlag, Wien, später in Ostberlin.

Außer dem »Lechner-Edi« kann man den »Weltuntergang« nachlesen: Ein Komet erhält den Auftrag, die Erde zu vernichten. Wir sehen, wie die Menschheit auf die Botschaft von ihrem bevorstehenden Ende reagiert. Schließlich wird der Komet von Mitleid mit der Erde erfaßt und verschont sie. Das Stück mündet in einen Song, das »Lied von der Erde« (»voll Hunger und voll Brot ist diese Erde; voll Leben und voll Tod ist diese Erde ...«).

»Vineta« ist Jura Soyfers reifstes Stück, ein großes Gleichnis hoch über allem äußerlich Lokal- und Zeitbezogenen, ohne musikalische Einlagen, nur durch einen Satz »Der Vineter geht net unter« in die Aktualität gestellt. Vineta war Wien, eine Stadt, die längst untergegangen ist und es nicht weiß und in mechanischer Vergeblichkeit Leben vortäuscht.

Der »Weltuntergang« ist heute kaum mehr unmittelbar verständlich, der »Lechner-Edi« kommt ganz aus dem damaligen Lebensgefühl der übermächtigen Arbeitslosigkeitsproblematik, ist also, wie viele Stücke Ödön von Horváths, unseren Jahren näher als der verflossenen Wohlstands-Zeit. Aber »Vineta« ist zeitlos, Satire, die sich zu großer Dichtung erhebt.

Ich glaube außerdem auch, daß der überlieferte »Vineta«-Text dem entspricht, was damals gesprochen wurde. Beim »Lechner-Edi« könnte es mehr oder weniger ähnlich sein. Ganz gewiß aber ist die überlieferte Fassung von »Astoria« nicht mit der Version identisch, deren Hauptprobe im ABC-Keller ich als einer der wenigen Anwesenden miterlebt habe.

In den Zeitungen war von Gaunern berichtet worden, die durch die Werbung für ein angeblich existierendes Land »Astoria« Geld erschwindelt hatten, indem sie Auswanderern Visa in Aussicht gestellt hatten.

Das war Juras Stoff. Der anwesende österreichische Zensor verbiß sich in die Parallele Astoria–Austria und verbot das Stück. Hinweise auf die tatsächliche Begebenheit waren vergeblich. Und angesichts der Borniertheit der Behörde war es erst recht hoffnungslos, einzuwenden, daß Astoria ja nicht der Schauplatz der Handlung war, sondern ein ideales Land, daß also keine Abwertung von Astoria–Austria beabsichtigt sein konnte.

Ein anderes abendfüllendes Jura-Stück war »Broadway-Melodie 1492«, die Geschichte der Entdeckung Amerikas. Erst nach dem Krieg habe ich erfahren, daß dieser Text ursprünglich von Walter Hasenclever und Kurt Tucholsky stammte und von Jura bearbeitet worden war. Die Übermittlung nach Wien war gewiß im Einvernehmen zwischen den Autoren und Jura erfolgt – wie weit das Einvernehmen darüber hinausging, weiß ich nicht.

Jura schrieb auch kürzere Szenen, er nannte sich nie mit seinem Namen, sondern wählte alliterierende Pseudonyme wie Fried Feder, Walter West. Mit ihm zusammen schrieb ich für ABC zwei Szenen: »Brand im Opernhaus« und »Lehár kontra Goethe«.

Auch erinnere ich mich, daß er für das Stück eines Autors namens Spitz (nicht mit Rudolf Spitz identisch) die Gesangstexte schrieb. Der Titel war, glaube ich, »Florian sucht den gestrigen Tag«. Und es war lustig, von Jura zu hören, daß er und der Komponist Jimmy Berg in den Chansontexten gegen die Prosadialoge, die ihnen nicht zusagten, polemisierten.

Wir blieben befreundet. Im Herbst 1937 hatte ein von mir verfertigtes Musical im Theater an der Wien Premiere. Es war bei der Generalprobe. Und in einem großen Gespräch äußerte er Bedenken, weil ich meine Begabung dort an den Kitsch und Kommerz verkaufte. Ich wendete ein (nachträglich ist mir, als hätte ich's ihm versprochen), daß ich sozusagen zweigleisig arbeite und daß ich das, woran wir beide glaubten, woran uns beiden lag, nicht verraten werde. (Immerhin war sogar das Musical von 1937 politisch brisant und riskant.)

Bald darauf wurde er verhaftet. Er ist, glaube ich, monatelang gesessen. Aber als Schuschnigg den Nationalsozialis-

ten eine Amnestie versprach, hatte er die begnadete Eingebung, auch die Verhafteten von links zu amnestieren. Man hörte: »Der Jura ist wieder frei.« Aber ich habe ihn nicht mehr gesehen. Als die Deutschen einmarschierten, fragten wir uns alle nach ihm. Ich habe in meinen letzten zehn Wiener Tagen eigens einen Schauspieler aus dem ABC-Ensemble aufgesucht. Der wußte nur, daß Jura angeblich in der Schweiz sei.

Aber er war nicht in der Schweiz. Mit einem Freund hatte er sich in die Vorarlberger Grenzberge begeben. Dort wollten sie Alpinismus vortäuschen und in die Schweiz gelangen. Eine Grenzpatrouille griff sie auf – die Papiere waren in Ordnung –, aber dann untersuchte man das Gepäck. Auch das Gepäck war unverdächtig. Aber irgendeine Konservenbüchse oder Wurst in dem Reiseproviant war in ein Zeitungsblatt gewickelt, und das, was da stand, erweckte den Verdacht der kontrollierenden Organe und schien staatsfeindlich.

So wurde Jura Soyfer verhaftet und kam auf Umwegen in das Konzentrationslager Dachau. Ein gemeinsamer Freund, der Musiker Herbert Zipper, schrieb aus Dachau seinen Verwandten ins Ausland: Es wird Hans interessieren, daß Jura hier ist.

Jura kam von Dachau nach Buchenwald. Man bemühte sich, ihn freizubekommen, indem man seine Ausreise sicherte. Jura arbeitete als Krankenpfleger. Er bekam die Ausreisepapiere. Aber da war er an Typhus erkrankt, bald darauf starb er.

Herbert Zipper, der im Sommer 1939 freikam, erzählte

mir nicht nur die tragische Geschichte von dem Zeitungsblatt, er berichtete, daß ein anderer Krankenpfleger am frühen Morgen vor die Baracke trat und sozusagen der Welt verkündete: Jura ist gestorben.

Die Welt wußte nicht, wer ihr gestorben war.

Jura Soyfer war ein Unvollendeter. Er hat in den letzten Jahren an einem Roman gearbeitet, von dem Fragmente erhalten sind.

Wir anderen waren mehr oder weniger begabt. Er war genial, kein Nachahmer, kein Epigone, ein legitimer Nachfahre Johann Nestroys.

JURA SOYFER
Telegraphen-Chanson

Von den neunundneunzig Rändern
Dieser kugelrunden Erde
Flitzen flink aus tausend Sendern
Die Berichte. –
Durch die zarten, blitzend harten
Kupfernerven dieser Erde
Surrt die Weltgeschichte.
Sing – sang – kurz – lang
Sendung – Empfang.
Stop.

Opfer fallen – Kurse steigen –
Friedenspakte ruhn in Frieden.
Unser Himmel hängt voll Geigen –
Und Granaten.
Niederschläge – Romverträge –
Meisterschaft noch nicht entschieden –
Heimat braucht Soldaten.
Gas – Tank – kurz – lang
Sendung – Empfang.
Stop.

Zeichen, Silben, Worte, Sätze
Schlüpfen, gleiten durch die langen

Zarten, harten Kupfernetze
Und verfliegen.
Und nur eines, nur ein kleines
Hat im Netz sich festgefangen
Und bleibt zappelnd liegen.
Kurz – lang – kurz – lang:
»Weltuntergang«.
Stop.

Und es flitzt um alle Ränder
Dieser kugelrunden Erde,
Es zerreißt die Morse-Bänder,
Hallt durch alle Radio-Sender,
Rast auf blanken Eisenschienen
Nach dem Süden, nach dem Norden:
Diese Welt der tausend Länder,
Voll von Menschen und Maschinen,
Ist zum Tod verurteilt worden!
Und das Todesurteil wird
Ende Mai exekutiert!
Stop! Stop! Stop!

JURA SOYFER
Lied des einfachen Menschen

Menschen sind wir einst vielleicht gewesen
Oder werdens eines Tages sein,
Wenn wir gründlich von all dem Genesen.
Aber sind wir heute Menschen? Nein!

Wir sind der Name auf dem Reisepass,
wir sind das stumme Bild im Spiegelglas,
wir sind das Echo eines Phrasenschwalls,
Und Widerhall des toten Widerhalls.

Längst ist alle Menschlichkeit zertreten,
wahren wir doch nicht den leeren Schein!
Wir, in unsern tief entmenschten Städten,
sollen uns noch Menschen nennen? Nein!
Wir sind der Straßenstaub der großen Stadt.

Wir sind die Nummer im Katasterblatt,
wir sind die Schlange vor dem Stempelamt
und unsre eignen Schatten allesamt.

Soll der Mensch in uns sich einst befreien,
gibt's dafür ein Mittel nur allein:
stündlich fragen, ob wir Menschen seien,
stündlich uns die Antwort geben: Nein!

Wir sind das schlecht entworfne Skizzenbild
des Menschen, den es erst zu zeichnen gilt.
Ein armer Vorklang nur zum großen Lied.
Ihr nennt uns Menschen? Wartet noch damit!

Hans Weigel über Harald Peter Gutherz

Harald Peter Gutherz stand von der ersten bis zur letzten Vorstellung der Literatur am Naschmarkt als ruhender Pol der Unternehmung auf der kleinen Bühne vor dem Vorhang.

Wir nannten ihn Hapi. Er war konstitutionell ganz und gar keiner, der in diese Welt paßte. Er war mehr als wir alle äußerlich ein »Sohn aus gutem Haus«. Ob er ein verlorener Sohn war, kann ich nicht sagen. Er hatte das Aussehen eines Gentleman, er war es, er hätte ein junger Herr aus der »Strudlhofstiege« sein können.

Ein Buch – eher eine Broschüre – mit seinen Versen ist damals erschienen: »Von früheren Menschen und jetzigen Leuten«. Aber es wird in der Österreichischen Literaturgeschichte – falls sie je geschrieben wird – nicht vorkommen. Und die Geschichte der Wiener Kleinkunst vor 1938, in der er vorkommen müßte, wird nie geschrieben werden. Es gibt drei Bücher von Rudolf Weys und in ihnen einen Abglanz dieser Epoche von Bemühung, Ratlosigkeit und Vergeblichkeit.

H. P. G. war kein Conférencier. Er trat vor den Vorhang und sagte einige Sätze, wie der Gastgeber eines literarischen Salons.

Die Literatur im Namen und Harald Peter Gutherz als Galionsfigur prägten den Stil des Unternehmens. Es war ganz bestimmt ein Kabarett, aber das kultivierteste, diskre-

teste aller Kabaretts, zudem mit einer starken Schlagseite zum Theater. Man spielte gern Kurz-Stücke, man spielte Einakter. Man spielte gewiß auch um der Aussage willen, ebenso aber auch um der schauspielerischen Aufgaben willen. L'art pour l'art – könnte man sagen. Etwa: einen Offenbach-Einakter, Nestroys »Häuptling Abendwind«, eine Kurzfassung des »Scapin« von Molière.

Einmal besuchte Thornton Wilder das Ensemble und überließ uns seinen Einakter »The long Christmas dinner«. Wir spielten ihn im Weihnachtsprogramm 1934. Harald Peter Gutherz hatte ihn übersetzt. Ich glaube, es war die erste Wilder-Aufführung in deutscher Sprache. Die Übersetzung dürfte leider verschollen sein. Sie war ausgezeichnet. Ich habe den ständig wiederkehrenden Satz »So sieht man's fast nie« im Ohr. Und der ist besser als das »Das sieht man fast nie« der Buchausgabe.

Wir freundeten uns an, wir wurden ein »Krätzl«, das nach den Vorstellungen in einem Beisl in der Rauhensteingasse oder im Nacht-Café Europe am Stephansplatz saß, nicht trinkend, wir plauderten, blödelten: Gutherz, Walter Engel, Rudolf Steinboeck, ich, mit Schauspielern, gelegentlich Friedrich Torberg, gleichaltrig und doch gönnerhaft, später sehr oft Jura Soyfer.

Hapi hatte eine private Standardnummer, er monologisierte mit hoher Greisinnenstimme: »Siebz'g Jahr' bin i jetzt alt, eine alte Hur' – ang'fangen hab' i in einer Vorstadt von Paris ...« Meist produzierte er diese Darbietung, wenn wir über den Graben Richtung Stephansplatz gingen, er erweiterte sie, veränderte sie, aktualisierte sie. Oft entstanden in solchen Nächten aus der Blödel-Laune heraus Ideen für neue Nummern.

Im unseligen Auf und Ab der Kabalen und Intrigen, Spaltungen und Fusionen, Krachs und Versöhnungen blieb Guthterz ein Ruhepunkt, eine Achse, um die »Literatur am Naschmarkt« sich drehte. Er war ein perfekter Kollege, aber doch fast ein Fremder. Wenn ich an ihn denke, erkenne ich, wie wenig ich von ihm weiß.

Mein letzter Eindruck, meine letzte Begegnung:

Im Winterprogramm 1937/38 gab es ein Prinz-Eugen-Chanson. Ich ging oft abends in das Kabarett zu den Freunden, so auch einmal im März 1938, als noch niemand wußte, daß dies die letzte Vorstellung war. An der Türe horchend, hörte ich, wie Hapi das Chanson ansagte, sichtlich mit neuem, aktualisiertem Text. Den genauen Wortlaut habe ich nicht erfaßt, nur: daß er von dem österreichischen Kavalier Prinz Eugen sprach und die Verbindung zu »einem anderen österreichischen Kavalier« herstellte. Er meinte Dr. Kurt von Schuschnigg. Ich stelle hiermit die Verbindung zu einem weiteren österreichischen Kavalier her: zu Harald Peter Guthterz.

Lothar Metzl ging nach Washington und arbeitete für die amerikanische Regierung. Carl Merz, eineinhalb Jahre lang bei »Literatur am Naschmarkt«, konnte bleiben und hat als einziger die Kontinuität verwirklichen können und war an der nächsten Kabarett-Blüte in den fünfziger und sechziger Jahren beteiligt. Unser erster Musiker, Otto Andreas, wurde unter seinem bürgerlichen Namen Endre Singer nach einer schmerzhaften Odyssee ein angesehener

Musiker in den Vereinigten Staaten. Sein Nachfolger Ferdinand Piesen arbeitete in einer Musikschule in einem französischen Nest. Ein dritter Hauskomponist, Walter Drix, bürgerlicher Name Herbert Zipper, ging nach Manila. Unser Bühnenbildner Carl Josefovics ging nach England. Der Arbeiterdichter Josef Pechacek, der gelegentlich für »Literatur am Naschmarkt« und »Stachelbeere« Texte schrieb, kam zur Wehrmacht und ist verschollen.

Harald Peter Gutherz wurde Journalist, kam zur Wehrmacht und ist irgendwo im Baltikum gefallen.

HANS WEIGEL
U. A. F. A. U.

Personen: VORSITZENDER
ANGEKLAGTER
BEISITZERIN

VORSITZENDER: Angeklagter!
ANGEKLAGTER: Herr Vorsitzender, womit kann ich dienen?
VORSITZENDER *(mißtrauisch):* Was denn? Sie wollen mich frozzeln?
ANGEKLAGTER: Nein, Herr Vorsitzender, ich bezeige Ihnen meinen Respekt.
VORSITZENDER: Sie mir? Ich sag's ja. Sie frozzeln mich! Also gehen wir's an … Angeklagter, Sie wissen, um was es sich handelt.
ANGEKLAGTER: Nein, Herr Vorsitzender, ich weiß nicht einmal, wo ich bin. Man kommt in aller Früh zu mir in meine Wohnung, zerrt mich aus dem Bett, versiegelt meinen Schreibtisch, schleppt mich hierher – bitte, Herr Vorsitzender, vor was sitzen Sie?
VORSITZENDER: Angeklagter, Sie stehen vor dem U.A.F.A.U.
ANGEKLAGTER *(ehrlich zerschmettert):* Vor dem U.A.F.A.U. – dem Untersuchungsausschuss für anti-österreichische Umtriebe – ich? Das ist nicht möglich.

VORSITZENDER: Sie werden gleich sehen, daß es möglich ist.
ANGEKLAGTER: Nein, Herr Vorsitzender, nein, das nicht! Wenn Sie gesagt hätten, ich habe betrogen oder unterschlagen – »vielleicht« hätte ich mir gedacht, »vielleicht habe ich wirklich ...«, man weiß ja nie, aber anti-österreichische Umtriebe, *ich* anti-österreichische Umtriebe, nein, Herr Vorsitzender, nein!
VORSITZENDER: Sie sind doch Österreicher?
ANGEKLAGTER: Eben.
VORSITZENDER: Was heißt »eben«? Ja oder nein!?
ANGEKLAGTER: Ja.
VORSITZENDER: Na, sehen Sie. Als solcher sind Sie automatisch der anti-österreichischen Umtriebe verdächtig.
ANGEKLAGTER: Und wenn ich Ausländer wäre?
VORSITZENDER: Täten Sie nicht dem U.A.F.A.U. unterstehen, sondern dem F.F.F.F.
ANGEKLAGTER: Ist das ein Turnverein?
VORSITZENDER: Nein, der Förderungs-Fachverband für Fremdenzuwanderung. Aber kommen wir zur Sache: Sie sind also Österreicher ...
ANGEKLAGTER: Jawohl, und ich bin stolz darauf.
VORSITZENDER: Sehen S', da haben S' gleich so einen Umtrieb ... »stolz darauf«!
ANGEKLAGTER: Wenn ich aber wirklich stolz darauf bin ...
VORSITZENDER: ... sind Sie kein Österreicher. Da Sie aber einer sind, kann das nur ironisch gemeint sein

und ist daher eine Selbstbezichtigung. Geben S' doch acht!

ANGEKLAGTER: Wenn ich nach geltendem Recht eine strafbare Handlung begangen habe, will ich natürlich die mir gebührende Strafe auf mich nehmen.

VORSITZENDER *(etwas fassungslos):* Herr – das ist ja, wie wenn der »Michael Kohlhaas« von Dostojewsky wäre – sagen Sie, ist da gar nix Slawisches oder Reichsdeutsches in die Großmütter?

ANGEKLAGTER: Wie oft soll ich Ihnen noch sagen, daß ich ein Österreicher bin – also selbstverständlich hab ich eine kroatische und eine artfremde, nämlich germanische Großmutter. Und als echter Österreicher bin ich ...

VORSITZENDER: Psst, psst – sonst häufen S' ja Delikt auf Delikt. Lesen Sie uns jetzt die Anklage vor, Frau Doktor.

BEISITZERIN: »Der Angeklagte Bimmerling Leopold, einunddreißig Jahre alt, ledig, unbescholten, wurde seit drei Monaten durch die Östapo beschattet und wurde hierbei Folgendes durch beeidigte Aussagen einwandfrei festgestellt: Bimmerling bezeichnete mehrmals österreichische Filme als gut. Er lobte die Preispolitik der Österreichischen Tabakregie. Er erklärte, daß er um keinen Preis auswandern möchte. Er sprach auch wiederholt in zustimmenden Worten über die Regierung. Als am siebzehnten des vorigen Monats um vierundzwanzig null eins die Bundeshymne ertönte, stand er nicht nur spontan auf, sondern sang auch mit, wobei als verschärfend ins Gewicht fällt, daß er den Text sämtlicher Strophen fließend auswendig wußte. Das Fakultätsgutachten bezeichnet den Angeklagten als geistig völlig normal und für seine Taten verantwortlich.«

VORSITZENDER: Danke, Frau Doktor. Herr Bimmerling, sagen Sie mir, was fällt Ihnen eigentlich ein? Sie müssen sich doch irgend etwas gedacht haben, wenn Sie solche Sachen sagen. Glauben Sie denn, wir können das einfach auf sich beruhen lassen? Oder behaupten Sie am End', daß die Angaben nicht stimmen?

ANGEKLAGTER: Doch, doch, sie stimmen genau.

VORSITZENDER: No und?

ANGEKLAGTER: Sie sagen: »No und?« Ich sage: »No und!«

VORSITZENDER: Es ist doch zum Beispiel nicht Ihr Ernst, daß Ihnen die österreichischen Filme gefallen?

ANGEKLAGTER: Die österreichischen Filme sind natürlich nicht gut …

VORSITZENDER: No sehen Sie! *(will ihm helfen, fast soufflierend)* Sie sind nicht gut … sie sind ein … no …!

ANGEKLAGTER: … sie sind ein bisserl ungeschickt, aber das ist rührend, und sie sind ein heimisches Erzeugnis, es spielen meine Landsleute drin, sie bringen Geld, es gibt drin keine Mordorgien, keine faustdicke Propaganda, keine wahnsinnige Jazzmusik – die Filme gefallen mir.

VORSITZENDER: Herr Bimmerling, ich will Ihnen ja helfen – aber wenn Sie sagen, daß irgend etwas Österreichisches besser ist als irgend etwas Ausländisches, muss ich Sie leider verurteilen. Weil Sie dadurch nämlich gegen unser Staatsgrundgesetz verstoßen, dessen erster Paragraph lautet: »Österreich ist eine demokratische Republik, die sich weder für demokratisch noch für republikanisch hält; die Grenzen Österreichs trennen das Land, in dem die Österreicher wohnen, von den Ländern, in denen sie gern wohnen möchten; die Verfassung Österreichs ist die denkbar beste nur dann, wenn man den eigenen Staat beschimpfen und lächerlich machen kann.« Schauen Sie, Herr Bimmerling, da steht z. B. schwarz auf weiß, daß Sie unsere Regierung anerkennen. Ja, sagen Sie – vertraulich – unter uns – ich geb' das nicht zu Protokoll – sind die Ihnen denn wirklich sympathisch?

ANGEKLAGTER: Ja.

VORSITZENDER *(kopfschüttelnd):* Der Bundeskanzler?

ANGEKLAGTER: Der Herr Bundeskanzler ist mir überaus sympathisch.

VORSITZENDER: Der Innenminister?

ANGEKLAGTER: Der Herr Innenminister genießt meine restlose Bewunderung.

VORSITZENDER: Der Justizminister?

ANGEKLAGTER: Den Herrn Justizminister verehre ich geradezu.

VORSITZENDER *(ist immer mehr außer sich geraten, spielt*

nun seine letzte Karte aus): Aber den Vizekanzler … den mögen Sie auch?

ANGEKLAGTER *(fest):* Doch! Er hat so was Charmantes!

VORSITZENDER *(am Zusammenbrechen):* Ihnen ist nicht zu helfen! Jetzt sagen Sie nur noch, daß Sie gern Steuern zahlen, dann kommt die Höchststrafe in Anwendung.

ANGEKLAGTER: Natürlich zahl ich gern Steuern.

VORSITZENDER *(erwacht kurz aus seiner Ohnmacht, sieht ihn an, versinkt wieder in dieselbe)*

ANGEKLAGTER *(während er den Vorsitzenden mit der Beisitzerin gemeinsam labt, mit Wasser bespritzt etc.):* Schauen Sie, Herr Vorsitzender, unser Staat hat's doch so schwer, die vielen Ausgaben, die ungeheuren Schäden, irgendwo muß das Geld doch herkommen, und schließlich bietet uns der Staat doch auch etwas, vom Ideellen ganz abgesehen, Straßen, Brücken, Wasserleitungen, eine Rechtspflege – Sie zum Beispiel, ohne die Steuergelder könnte diese Verhandlung gegen mich nicht stattfinden.

VORSITZENDER: Und das täte Ihnen leid?

ANGEKLAGTER: Gewiß. Denn wenn etwas gegen mich vorliegt – weg mit mir! Gerechtigkeit muß sein. Ich möchte nur vorher wissen, was ernsthaft gegen mich vorliegt.

VORSITZENDER: Gegen Sie liegt vor, daß Sie etwas besonders Gefährliches gegen Österreich planen.

ANGEKLAGTER: Ich?

VORSITZENDER: Ja, Sie! Sie sind entweder ein Bündler oder ein Stürzler oder ein Wiegler …
ANGEKLAGTER: Wos ist das bitte?
VORSITZENDER: … ein Geheimbündler, ein Umstürzler oder ein Aufwiegler. Sie diskreditieren Österreich, indem Sie Behauptungen verbreiten, die niemand ernst nehmen kann. Sie beschmutzen das Idealbild des Österreichers, wie die Welt ihn zu sehen gewohnt ist.
ANGEKLAGTER: Aber wenn ich Ihnen sage, daß es mir mit meinem Patriotismus ernst ist …
VORSITZENDER: Erzählen Sie das Ihrer slawischen oder Ihrer germanischen Großmutter. Ich hab' ja schon viele anti-österreichische Umtriebe erlebt, aber so etwas Perfides noch nicht. Ein Österreicher, der nicht auf die Regierung schimpft! Das ist ja wie ein Franzose, der auf Frankreich schimpft, das ist ja wie ein Amerikaner, dem Amerika nicht gefällt, das ist ja wie ein Russe, der … das ist ja Hochverrat! Wissen Sie, was da drauf steht?
ANGEKLAGTER: Nein – bitte was?
VORSITZENDER: Fünfzehn bis fünfundzwanzig Jahre Arbeitslager und Verlust der bürgerlichen Ehrenrechte.
ANGEKLAGTER *(verliert zum erstenmal die Beherrschung und die Umgangsformen):* Nein!
VORSITZENDER: Doch!
ANGEKLAGTER: Arbeitslager ginge ja noch – ich arbeite gern – aber Verlust der bürgerlichen Ehrenrechte – *mir* – nein, das ist zuviel! *(weint)*

VORSITZENDER: Haben Sie noch etwas zu sagen, bevor ich das Urteil verkünde?

ANGEKLAGTER *(fasst sich, nun ganz verwandelt, allmählich gesteigert):* Ja. – Ja. Daß das, bitte, ein blödsinniges Gesetz ist, mit Verlaub zu sagen, oder daß Sie keine Ahnung haben, wo Gott wohnt, oder daß vielleicht alles miteinander nichts wert ist, das Gesetz und Sie – die Rechtspflege und die Juristen – statt daß Sie einen wie mich ermutigen und belohnen oder wenigstens in Ruhe lassen, machen Sie mir noch Schwierigkeiten – natürlich nur so jemandem wie mir – die andern, die miesen Vögel, die werden wahrscheinlich um so mehr gefördert – ich hätt' Sie halt schmieren müssen oder mir mit der Frau Doktor was anfangen, dann wär's einfach gewesen – aber ich kenn' ja niemanden, nicht einen einzigen Herrn vom Ministerium, das muß ich jetzt büßen – aber eins kann ich Ihnen sagen: nicht einen einzigen Tag länger bleib' ich in diesem Land, als unbedingt nötig – ich pfeif' auf Sie und die Frau Doktor und die ganze Regierung – es bleibt einem ja wirklich nichts anderes übrig als auszuwandern – egal wohin – lieber heut' als morgen – nix wie fort – verstehen Sie, Sie seniler, verkalkter Aff, Sie unfähiger. – So, jetzt hab' ich's Ihnen gesagt – jetzt können Sie das Urteil verkünden.

VORSITZENDER *(schüttelt ihm die Hand):* Bravo, mein lieber Freund, bravo. Da ist natürlich von Verurteilen keine Rede mehr. Mit solchen Ansichten sind Sie natürlich als guter Österreicher bestens legitimiert. *(Zur Beisitzerin)* Freigesprochen. Wird auf freien Fuß gesetzt.

BEISITZERIN: Die Kosten?

VORSITZENDER: Trägt der Staat.

Das Lampenfieber ist …

… eine Krankheit, für die es keine Norm gibt. Es ist eine wirkliche, schreckliche Krankheit, die sich bei jedem anders auswirkt. Es ist eine ungeheuer populäre Krankheit, eine Krankheit, die die »Leute« interessiert. Jeder Mensch, der etwas vom Theater erfahren will, fragt zuerst: »Haben Sie eigentlich Lampenfieber?« Wenn er wüsste, was das wirklich bedeutet, würde er sich nur ganz behutsam, flüsternd erkundigen: »Wie erträgt man das eigentlich?«

Ich weiß es nicht. Wie oft hab ich schon dieses grauenhafte Vernichtungsgefühl gehabt! Diese unerträgliche Leere, den ganzen Nachmittag hindurch, bis zum ersten Schritt auf die Bühne oder aufs Podium. Wie oft hat sie über diesen ersten Schritt hinaus angedauert, war aber dann – warum regt man sich eigentlich so auf? – plötzlich verflogen. Manchmal. Aber wie oft bleibt diese störende Nervosität und erlaubt das Abheben vom Boden nicht. Man erhebt sich nicht. Man bleibt picken.

Man ist so schrecklich sich selbst ausgeliefert. Man kann es nicht steuern. So oft habe ich mir dadurch schon eine Premiere verdorben, vor allem im Theater. Dort ist man auch vom Lampenfieber der Kollegen abhängig. Und die Mischung der verschiedenen Lampenfieber, dividiert durch das eigene! Dass so eine Premiere überhaupt aus wird, ist ohnehin ein einziges Wunder. Dort ist man nicht bestimmend, dort ist man eingeordnet. Wie oft hab ich mich in einer Rolle erst nach der vierten, fünften Vorstellung wieder gefunden, bis ich den Schock der Premiere überwunden hatte.

Es gibt Schauspieler, die vor einer Premiere halb wahnsinnig vor Angst sind, bei denen körperliche Reaktionen auftreten, die sie schwächen: Erbrechen und das Gegenteil. Und das Arge daran ist, dass man eben gar nicht sagen kann: »Der regt sich so auf, der wird dann doppelt gut.« Das kann sein, aber es kann auch sein, dass es nicht so ist. Beim Heiteren kommt die Qual des Gut-aufgelegt-sein-Müssens dazu. Wenn man einen Stein in der Seele hat, wie kann man da strahlend und befreit wirken? Aber gerade, um das zu empfangen, sind die Leute gekommen! Sie erwarten es, sie fordern es.

Das ist das Schwerste.

Die Laune, das Vergessen im Erheiternden, das sind doch die seltenen, kostbaren Momente. Wie oft ist man denn schon wirklich fröhlich? Ich selten.

RAINER MARIA RILKE
Der Panther

Sein Blick ist vom Vorübergehn der Stäbe
so müd geworden, daß er nichts mehr hält.
Ihm ist, als ob es tausend Stäbe gäbe
und hinter tausend Stäben keine Welt.
Der weiche Gang geschmeidig starker Schritte,
der sich im allerkleinsten Kreise dreht,
ist wie ein Tanz von Kraft um eine Mitte,
in der betäubt ein großer Wille steht.
Nur manchmal schiebt der Vorhang der Pupille
sich lautlos auf — Dann geht ein Bild hinein,
geht durch der Glieder angespannte Stille —
und hört im Herzen auf zu sein.

Ein Gedicht, das einem den Schauer durch den Körper jagt.

Ich habe das Stück mit dem Fritz Muliar gespielt. Zwei alte Menschen, die mit sich und der Zweisamkeit Schwierigkeiten haben. Ich hatte mit dem Stück auch Schwierigkeiten, aber man sagt mir, es wäre ein Erfolg gewesen. Muliar und ich waren ein »eingespieltes« Paar. Wir kannten einander sehr lang und wussten gegenseitig sehr viel. Ich kannte seine Liebesangelegenheiten. Er erzählte mir alles, und es war wie im »Panther«, er erkannte, dass seine Frau Franzi, die eine sehr hübsche Fernsehsprecherin war, es war der Beginn des österreichischen Fernsehens und jeder hat sie gekannt. Und er hat erkannt, dass sie doch die Einzige in seinem Leben war. Nur ich war seine Lieblingspartnerin. Das hat er mir immer wieder bestätigt. Er hat mir am Schluss einen Satz gesagt, der in mir tiefe Freude erzeugte: »Eigentlich möchte ich nur mehr mit dir spielen.« Wir haben voneinander jede Regung erkannt. Und gewusst, wie wir darauf reagieren. In dem »Panther« war noch eine dritte Figur. Das war der Michael Dangl. Den hat er sehr geliebt. Er hat ihn in Hamburg kennengelernt und hat ihn der »Josefstadt« empfohlen. Seither ist der Dangl ein meistbeschäftigter Schauspieler der »Josefstadt«.

Der Fritz hat mir immer ein kleines Geschenk auf den Schminktisch gelegt, mich zum Lachen gebracht.

Es war eine unserer letzten Vorstellungen. (Er hatte immer irgendetwas erfunden, das mich auf der Bühne überrascht hat.) In seiner Rolle war er ein bissl krank. Und auf der Bühne fing er plötzlich an zu husten. Ich stürzte zu ihm – er hustete weiter und schaute mich verschmitzt an. Dann wusste ich, dass er mich schrecken wollte.

Nach Ende des Stücks, es war beim Verbeugen, schimpfte ich mit ihm: »Wie kannst du so was machen? Das ist kein Spaß! Mich so aufzuregen. Das ist nicht lustig.« Er lachte. »Versprichst du mir, dass so was nicht mehr vorkommt?« Er hat es mir versprochen.

Als er nach einiger Zeit nicht mehr so »spielte« und im Ernst von uns ging, hatte ich nur einen Gedanken: »O Gott, am Ende war das damals im ›Panther‹ wirklich nicht gespielt.«

Ich möchte etwas aussagen, wovon ich überzeugt bin. Es ist in diesem Buch der zweite Fall, den ich beschreibe: Ich glaube, dass bedeutende hochintelligente Menschen sich die Art ihres Todes bestimmen können. Bei Hans Weigel konnte ich es beobachten. Er war ein Karl-Kraus-Mensch. Und am Tag seines Abschieds wurde im Radio eine Aufführung von den »Letzten Tagen der Menschheit« gesendet. Hans legte sich hin, um das noch einmal zu hören. Und dabei machte er seinen letzten Atemzug. Und Fritz, dem das Theater alles war, spielte eine Nachmittagsvorstellung im Theater in der Josefstadt, dann nach Hause und – es war aus.

Es waren beide Menschen, die sich immer mit dem Tod beschäftigt haben, und waren knapp davor noch glücklich.

Hans Weigel über Josef Pechacek

Josef Pechacek war in den ersten Programmen der »Stachelbeere« und auch noch im Anfang der zweiten Ära mit dabei. Er war die denkbar sympathischste Verkörperung dessen, was man als »Arbeiterdichter« bezeichnet, ein Arbeitsloser aus der Wiener Vorstadt Kagran.

Zwei Auszüge aus der »Arbeitslosenoper«

Der Arbeitslose:
Wenn jeder Tag ein Sonntag ist,
Weil du ein Arbeitsloser bist,
Dann ist der wahre Sonntag nichts mehr wert.
Was ist ein Sonntag ohne Geld?
Ein Tag, der dich zum Besten hält
Und dir die Freude aus dem Herzen zerrt.

Was ist ein Mann, der stempeln geht?
Ein Baum, der in der Wüste steht,
Auf den die Sonne unbarmherzig brennt.
Die Hände, seine Zweige, sind
Verdorrt vom scharfen Krisenwind,
Die Arbeit war der Trank, den er nicht kennt.

Ein Bursch, der keine Arbeit hat,
Den haben auch die Mädchen satt,

Sie weichen ihm in weitem Bogen aus.
Wer Arbeit hat, der gilt als reich,
Den lieben alle Mädchen gleich
Und gehen gern mit ihm am Sonntag aus.

Die Arbeit ist ein Sehnsuchtstraum,
Wer keine hat, bleibt Wüstenbaum,
Er bleibt es manches liebe lange Jahr.
Die Arbeit ist die spröd'ste Braut,
Man wirbt und man wird abgebaut,
Und selten führt sie einer zum Altar.

Der Wirt:
Das Bier ist angeschlagen,
Der Kasten ist voll Eis,
Ein Gulyas für den Magen
Gibt's zum Reklamepreis.

Bei mir ist immer Stimmung,
Solang man tüchtig zecht,
Ich pfeif' auf die Gesinnung,
Mir ist ein jeder recht.

Die Ruhe auf der Gasse
Bleibt solang unberührt,
Solang des Volkes Masse,
Beim Wirt politisiert.

Das Bier, das löst die Zungen,
Ein jeder spricht sich aus.
Und ist ihm das gelungen,
Geht er befreit nach Haus.

Es folgt auf jede Krise
Die Zeit der Konjunktur –

Klavierspieler und Wirt:
Doch bleibt sie so wie diese
Vorübergehend nur.

JOSEF PECHACEK
Chanson für eine Dompteuse

Verehrtes und geschätztes Publikum,
Ich bin am Ende meiner Raubtiernummer.
Gleich baut man für die nächste Nummer um,
Das ist schon so; mir macht das keinen Kummer.

Ich kam im Zirkuswagen auf die Welt,
Ich kenne dieses bunte, wechselvolle Treiben –
Wenn sich das Publikum nur unterhält
Und wenn die Zeitungen nur etwas schreiben.

Ich zeige als kleine Dompteus'
Vier Löwen, in Freiheit dressiert.
Ich mache, als wär' ich nervös,
Weil täglich etwas passiert.

Ob das die Löwen begreifen?
Ich fühle oft etwas wie Scham.
Sie springen durch brennende Reifen
Und bleiben manierlich und zahm.

Ich war im Grund' genommen nie ein Kind,
Die Zirkusluft läßt Kinder rascher reifen,
Wenn mir die wilden Tiere lieber sind
Als manche Menschen, ist das zu begreifen.

Wir wuchsen doch im gleichen Zirkus auf,
Um uns im steten Anblick abzuhärten,
Das Schicksal nahm den üblichen Verlauf,
Wir wurden sozusagen Spielgefährten.

Ich leg' meinen Kopf in den Rachen
Der Löwen – das wirkt ganz fatal.
Mir ist dabei gar nicht zum Lachen,
Ich mach' es zum hundertsten Mal.

Man meint, mein Beruf sei gefährlich,
Und ist oft vor Aufregung stumm.
Doch fürchte ich – das sag' ich ehrlich –
Mich' nur vor dem Publikum.

Ich liebe so ein ausverkauftes Haus.
Wenn sich die Galerien vor Menschen biegen,
Ein voller Zirkus liefert viel Applaus
Und läßt die Seele wieder höher fliegen.

Wie zündet jeder Trick und jeder Scherz!
Der Beifall rauscht gleich einem Wasserfalle.
Für wenig Publikum hab' ich kein Herz,
Wenn viele Menschen da sind, lieb' ich alle.

Ich bin eine kleine Dompteus',
Der Zirkus ist meine Welt.
Die Löwen sind knurrig und bös,
Weil das den Leuten gefällt.

Sie wollen Aufregung sehen
Und hoffen auf Blut und auf Qual.
Heut ist leider gar nichts geschehen,
Vielleicht das nächste Mal?

Bitte vielmals, muß das wirklich sein?
Bitte, nein! Bitte, nein!
Geht's denn nicht, ohne brutal zu sein, zu schlagen,
Kann man nicht, was man zu sagen hat, auch ruhig sagen?

Die Phantasie

Sie hat's damals noch nicht gewusst, dass sie bald bei mir als Galionsfigur gastieren muss.

Das zweite musikalische Zitat in dieser Gruppe ist das Lied »Männer schmachten« aus »Weder Lorbeerbaum noch Bettelstab« von Nestroy.

Zu meiner Verzweiflung! Ich weiß nicht, warum, aber ich hab mir diesen Text nicht merken können. Irgendetwas in mir hat sich dagegen gesträubt. Ich bin nie draufgekommen, was es war. Bei keinem Lied bin ich so oft gehangen wie bei »Männer schmachten«. (Und ich bin wirklich oft gehangen!) Der Angstschweiß ist mir auf die Stirne getreten, wenn ich nur an »Männer schmachten« gedacht habe. Und kaum hab ich damit begonnen und hab mir bei der ersten Zeile gedacht: Heute darf es mir nicht passieren – hat ich dieser Gedanke so abgelenkt, dass es schon passiert ist.

Und das Schreckliche beim Hängen ist ja nicht das Hängen selber, sondern das, was danach kommt. Wenn man hängt, setzt blitzartig eine ungeheure Konzentration ein. Was ich da schon zum Dichter geworden bin! Man ist geistesgegenwärtig und einfallsreich, phantasievoll und wendig. Kaum ist die Klippe überwunden, denkt man: Das hab' ich aber jetzt derpackt! – und schon hängt man wieder. Weil einen der Gedanke über den Gedanken aus den Gedanken gebracht hat.

Ö-Dur

Wie oft sind wir mit rauchenden Köpfen beisammengesessen. Das hört nie auf. Wenn das Theater und seine Umgebung unterhalten werden sollen, da kann alles modern geworden sein, es wird immer Erlebnisse dieser Art geben.

Was wird das neue Programm für einen Titel haben? Der Titel ist wichtig. Durch ihn tauchen oft neue Aspekte auf.

Es ist so schwer, einen guten Titel zu erfinden. Er muss halten – man kann ihn nicht gelegentlich einfach austauschen. Er gehört zum Inhalt. Unser Titel muss kurz sein, klar sein, er soll anzeigen, dass das Musikalische eine Rolle spielt, dass es anderseits nicht *nur* musikalisch ist, er soll das Heitere anzeigen, er soll im Druck wirkungsvoll aussehen. Er soll gut sein.

Wir wollen doch die Raimundsche Phantasie im Programm haben. Die könnte im Titel sein. Wir wollen sagen, dass das Österreichische dominiert. Das Helle, das Heitere ist Dur.

Hans hat den Titel gefunden: »Phantasie in Ö-Dur«.

Wir zweifeln keine Sekunde daran, dass das der richtige Titel ist. Auch Erik ist einverstanden. Aber wir drei waren die Einzigen.

»Was heißt denn das?« – »Das ist nicht gut.« – »Das versteh ich nicht.« – »Das ist verschmockt.« – »Das wird kein Mensch begreifen.« – »Zu so was geh'n die Leute nicht.«

Vor der Premiere im Mozarteum in Salzburg, in diesem gesegneten Saal, hat man uns erzählt: Der Sprecher von Radio Salzburg, der bei den Verlautbarungen die Veranstaltung durchgeben sollte, hat sich geweigert, den Titel zu nennen. Mit der Begründung: »Da rufen dann die Leute an und sagen, die Sprecher sind alle Trottel. Eine Tonart Ö-Dur gibt es ja nicht.«

Und seither gibt es sie.

Diese Ö-Dur hat sich durch mein ganzes künstlerisches Leben gezogen. Ich glaube, meine Mutter hat mich in Ö-Dur auf die Welt gebracht.

Ich hab den Nestroy und den Raimund in mir. Ich glaub, dieser Unterschied ist auch in meinem Charakter. Zwischen Ernst, der aber nicht ganz ohne Heiterkeit ist, und dem Nestroy, der sich über alles durch Beobachtung erhebt. Die sind Liebe-und-Spott-Partner. Hier ist der Beweis, wie unterschiedlich die beiden sind: Aber beide waren Ö-Dur-Menschen. Für Nestroy steht das österreichische Scharfe, das Satirische. Im Raimund das Harte – ja. Jetzt hab ich gedacht, ich sag das Weiche – aber das stimmt überhaupt nicht. Wenn Raimund ein heutiger Autor wäre, wäre er zum Beispiel im »Alpenkönig« oder im »Bauer als Millionär« näher dem Strindberg.

Und einen Nestroy würden wir heute brauchen, der würde die Politik zerreißen. Er hat nur damals unter der Zensur gelitten. Und war im Gefängnis. Das muss aber damals schon nicht lustig gewesen sein.

Raimund kontra Nestroy

Raimund:
Begeisterung ist's, die alles Edle schnell gebiert. Wer denket groß und liebet nicht.

Nestroy:
Wer noch nie über eine Stiegen geflogen ist, wem sein Buckel noch nicht alle Farben gespielt hat, wem noch nie ein Lavoir auf'n Kopf ist gschütt' worden, der kennt den wahren Reiz der Liebe nicht.

Raimund:
Ist nicht die Dichtkunst mit der Baukunst formverwandt? Denn wie der Bauherr Stein an Stein aus edlem Mamor füget, so reiht der Poet Gedanken an Gedanken und bindet sie durch seines Witzes Mörtel.

Nestroy:
Die dramatische Kunst hat eine außerordentliche Ähnlichkeit mit der Kochkunst. Wenn ein paar Bösewichter herauskommen und reden recht dumm miteinander, das ist Rindfleisch; jetzt kommt einer und sagt eine enorme Erzählung, das ist die Soß; jetzt kommen ein paar naive Mädchen und scherzen mitei-

nander, das ist 's Kälberne. Die neuen Gedanken sind meistens das Ragout, es sieht einer frisch gemachten Speis' gleich, 's sind aber lauter überbliebene Sachen. Das Ganze zusammen ist sehr häufig ein Schmarren.

Raimund:
Geld ist das Niedrigste, was wir beweinen können.

Nestroy:
Geld macht nicht glücklich – sagt ein Philosoph, der Gott dankt hätt, wenn ihm wer eins g'liehen hätt.

Raimund:
Wenn die Liebe zu zahlen aufhört, dann macht die Welt bankrott.

Nestroy:
Die Lieb, das ist die Köchin, die am meisten anrichtet in der Welt.

Raimund:
Die Phantasie ist's, die Gedanken schafft. Die Phantasie muß frei sein, wenn sie dichten soll. Nie wird sie dir in Fesseln dienen.

Raimund:
Ich bin ein Wesen leichter Art,
ein Kind mit tausend Launen,
das Niedres mit dem Höchsten paart,
's ist wirklich zum Erstaunen.
Kurzum, ich bin ein Kraftgenie,
Sie sehn in mir die Phantasie.

Wenn raue Wirklichkeit auch gleich
verwundet Ihre Herzen,
so flüchten Sie sich in mein Reich,
ich lindre Ihre Schmerzen.
Denn alles Glück, man glaubt es nie,
am End ist's doch nur Phantasie.

In dichterischem Übermut
durchschweb ich weite Fernen.
Ich steck die Sonne auf den Hut
und würfle mit den Sternen.
Doch vor des Beifalls Melodie
Verbeugt sich tief die Phantasie.

Nestroy:
Wenn uns einer gfallt und versteht uns nit glei',
was soll man da machen, 's is hart, meiner Treu!
A Mann, der hat's leicht, ja, der rennt einer nach,
und merkt sie's nit heut, so merkt sie's in vierzehn Tag',
er tut desperat, fahrt mit'n Kopf geg'n die Wand,
aber daß er's nit g'spürt, macht er's so mit der Hand!
Und 's Madel gibt nach, daß er sich nur nix tut –
Ja, die Männer hab'n 's gut, hab'n 's gut, hab'n 's gut …

Wie gern hätt' ich die Salome Pockerl einmal gespielt. Ich hab ihn mir trotzdem geholt, den Nestroy. Das ist für eine Frau gar nicht so leicht. Der Nestroy ist was Männliches. Der nestroysche Witz ist was Männliches. In den Stücken sind die Frauenrollen selten gut, für Nestroy steht das satirische Scharfe. –

Ich habe das große Glück gehabt, mit dem herrlichsten Nestroy-Darsteller ein Stück in der »Josefstadt« zu spielen. Es war einer, von dem manch nicht im vorhinein gesagt hätte, dass die versteckte, scheinbar harmlose Schärfe seines Witzes, die Zwiderkeit, der Grant in Nestroy umgesetzt, eine klassische Dimension ergibt. Das Stück war die »Höllenangst«, und der Nestroy-Gigant war Hans Moser, der Liebe, der Kollegiale, der Gütige, der Scheue, der Einfache: Nestroy hätte seine Freude an ihm gehabt.

Ein für ihn so typisches kleines Erlebnis: »Höllenangst«, ein großes, kompliziertes Stück. Zweite Hauptprobe. Sie dauert wegen schwieriger Umbauten bis in den späten Nachmittag. Alle sind erschöpft. Hans Moser setzt sich hinter der Bühne müde auf einen Sessel und sagt: »Mein Gott, no amal – ich bin schon müad.« Unser Inspizient Weitlaner, Veiti genannt, sagt zu Axel von Ambesser, der das Stück inszeniert, ganz vorsichtig: »Herr von Ambesser, ich glaube, für Herrn Moser ist es schon ein bißl viel.« Worauf Hans Moser hinter der Bühne ganz verzweifelt aufspringt: »Meine Güte, na! Nix derf ma sagen, allerweil wird ma verklampfelt!«

Lebensmensch, Lehrer und künstlerischer Begleiter: Elfriede Ott und Hans Weigel

2 Hans Weigel mit der Weigel-Puppe von Cilli Wang

3 »Es war der Höhepunkt meiner Karriere«: Elfriede Ott und Hans Weigel mit Cilli Wang und ihren Puppen

»Das kleine Zweimalseins«, 1968:
Elfriede Ott mit Waldemar Kmentt
und Erik Werba

5 Mit Gerhard Bronner

6 Der liebste Bühnenpartner: Fritz Muliar, hier in »Frühere Verhältnisse«, Festspiele Maria Enzersdorf 2004

8 ... und 1970

Mit Max Böhm 1982 ...

9 Mit Helmut Qualtinger in Nestroys »Eisenbahnheiraten« im Theater in der Josefstadt, 1960

10 »Nathan der Weise« im Burgtheater im Ronacher 1945: als Recha mit Fred Liewehr

11 »Die Fledermaus« in der Staatsoper 1961: als »Ida«

12 Elfriede Ott als »Ida«

13 »Katzenzungen« an den Kammerspielen der »Josefstadt«, 1966: als »Stupsi« mit Helene Thimig

14 »Ein Sommernachtstraum« im Salzburger Schloss Hellbrunn, 1978: als »Puck«

15 Elfriede O
als »Puck

16 In »Frühere Verhältnisse«,
2002 in den Kammerspielen:
als »Pepi Amsel«

7 Festspiele
Maria Enzersdorf

18 Mit dem Ensemble des »Gewürz-
krämerkleeblatts« 1983

19 Mit Hans Weigel in Maria Enzersdorf

21 »Lumpazivagabundus« in Maria Enzersdorf 2005: als »Knieriem«

»Umsonst« in Maria Enzersdorf 1996: mit Gerhard Bronner

22 »Umsonst« in Maria Einzersdorf 2012: als »Frau Direktor«

Auch in »Höllenangst« war ein riesiges Opernquodlibet, in dem ich mir Koloraturen aus dem Leibe sang, während Hans Moser, mein Vater, durch mich leicht irritiert, mit seinen Partnern tarockierte. – In der »Faschingsnacht« hab ich einen einzigen Zopf gehabt. Dieser Zopf war aber nicht dort, wo Zöpfe naturgemäß zu sein pflegen, sondern er war, kunstvoll auf einen Draht aufgezogen, an der höchsten Stelle meiner Frisur befestigt, aber so, dass er senkrecht in die Höhe stand. Am äußersten Ende war ein Mascherl gebunden. Diese Frisur war sehr schwierig zu bauen, aber unsere liebe Luise in der »Josefstadt« – sie müsste einmal einen großen Extravorhang haben – war Kummer mit mir gewöhnt. Dieser Zopf hatte außer seiner eigenwilligen Form auch noch die Eigenschaft, jede zustimmende Kopfbewegung kräftig zu unterstreichen. Mit einem Wort: Jedes Mal, wenn ich Ja sagte, wackelte er. Karl Paryla hat das ungefähr zehn Vorstellungen lang, mit allen Kostüm- und Hauptproben, ertragen, dann ist es aus ihm herausgebrochen. Er hat mir einen Krach gemacht, dass die Wände gewackelt haben: »Dieser Zopf macht mich wahnsinnig! Er lenkt ab, keiner hört mehr zu. Alles schaut auf den Zopf! Ääänderrrn!!« Und ich zurück. Das hat schon ein bissel was zwischen uns hinterlassen. Aber heute versteh ich ihn. Bitte um Verzeihung.

Mein Nestroy-Schicksal

Ich hab mir schon so vieles aus meinem Beruf von der Seele geschrieben. Ich muss in mir suchen, ob noch was drin ist. Was hab ich nicht alles erlebt. Auch im Sommer, wo alle verreisen, im Sand am Meer in der Sonne liegen – das ist auch mein Wunsch, aber der größere gilt meiner Sommerarbeit. 30 Jahre Nestroy auf der Burg Liechtenstein. Dieser Autor ist mit seinen Stücken unendlich. Aber meine Arbeit begann immer schon im Herbst, nach Ende des Sommers.

Suche nach dem nächsten Stück. Dann die Besetzung. Jeden anrufen, ob er spielen möchte, die Rollen verteilen. Mit dem musikalischen Leiter die Musik besprechen. Und das Bühnenbild. Wen soll ich dazu holen? Das ist ein langer Prozess.

Die Termine festsetzen, und bald war es wieder so weit mit dem Probenbeginn.

Und etwas, das bei diesem Autor schwirig ist, es musste eine Figur in dem Stück sein, die ich spielen sollte. Das Publikum wollte mich sehen. Und das war nicht immer einfach. Aber ich war zu allem bereit, zum Beispiel auch Männerrollen zu spielen. Zum Beispiel den Knieriem im »Lumpazi«. Bei der Premiere saß Fritz Muliar im Publikum und rief am Schluss laut:

»Du bist der zweitbeste Knieriem!« Er wusste,

dass er in dieser Rolle der beste war, von allen Knieriemen!

Wir haben alles miteinander erfunden.

Auf der Wiese und im Wald sind übergroße Nestroy-Figuren gestanden, die mithilfe der Graphischen Lehr- und Versuchsanstalt entstanden sind. Es war ein toller Vorgang. Die Vorlage waren meine Bilder, die in meinem Haus hängen. Es wurden mir jedes Jahr welche geschenkt. Es sind die Stiche aus der Zeit Nestroys, die Szenen aus den Nestroy-Stücken. Und die wurden so vergrößert, dass das Publikum schon auf dem Weg zur Spielstätte von Knieriem, Herrn von Lips, dem Christopherl, der Frau von Erbsenstein und vielen anderen empfangen wurde.

Aber nur einen Sommer lang: Denn als ich sie im nächsten Jahr wieder begrüßen wollte, waren sie weg oder zertrümmert. Meine Phantasie reicht nicht aus, um mir vorzustellen, wie das geschehen ist. Meine Kränkung ist nicht zu beschreiben.

Es gibt Dinge, die zu arg sind, man kann sie nicht mit Buchstaben beschreiben.

Auch das Ende meines Sommertraums war ähnlich. Der Fürst Adam von Liechtenstein hat uns plötzlich den Vertrag gekündigt, und es gab nach dem 30. Jahr kein Stück mehr. Wieder so eine solche Kränkung. Mein Sohn – ich adoptierte Goran David –, er war mein ausgezeichneter Mitarbeiter, vor allem als Schauspieler. Er spielte die großen, schwierigen Nestroyrollen. Wir fuhren miteinander in Niederösterreich herum, um einen anderen Schauplatz zu finden – aber nichts, es war nichts, das uns die Möglichkeit einer großen Spielstätte zu bieten hatte. Aus. Schluss. Ende. Es sind jetzt viele Jahre vorbei, und ich kann mich nicht von dem Projekt trennen. Ich gehörte zum Ensemble des Theaters in der Josefstadt und war meinem Beruf verfallen. Und diese Festspiele waren meine Erfüllung. Ich liebte die Nestroy-Stücke – das tu ich noch immer –, aber ich hatte das Gefühl, diesen Dichter ganz zu verstehen mit seiner Menschenkenntnis, seinem Witz, das Lachen der Menschen, über ihre eigene Beschreibung. Sie erkannten nicht, dass ja sie gemeint waren, worüber sie lachten. Und viel Musik war mein Glück. –

Ja, Glück! Ich hatte Glück!

Im Nachhinein erkannte ich erst dieses Glück. Wir alle schickten jeden Tag, an dem wir abends Vorstellung hatten, unseren ersten Blick zum Himmel: Wird's heute regnen? Müssen wir im Saal spielen? Aber auch der war ein Glück. So. Es war alles ein Glück für uns alle. Wir waren ein riesengroßes Ensemble mit großen Erlebnissen. Mit viel Strahlkraft. Nur mit Energie, die wir erzeugen, spielen wir den Leuten etwas vor, das es gar nicht gibt. Und sie lassen sich von uns einfangen und lassen sich von uns lachen und weinen lassen.

Und manchmal auch beglücken. In dem Stück »Die beiden Nachtwandler« holte ich zu der Rolle eines Zauberers den wirklichen Zauberer Magic Christian.

Im Laufe der Handlung zauberte er tatsächlich. Er machte wunderschöne Kunststücke. Zum Beispiel ließ er weiße Tauben aus seinem Zylinder flattern. Wir schauten ihm alle gespannt zu.

Nur an einem Abend hatte er Pech. Es kam ein plötzlicher Sturm auf, mit dem keiner gerechnet hatte. Ich weiß nicht, wie er das machte, aber die Tauben flatterten trotzdem. Dass es weiße Papiertauben waren, erkannten wir schon, aber dass sie flogen …

An einer anderen Stelle war ich seine Assistentin und musste mich zwischen Stühle legen und wurde von ihm zersägt.

Es geschah das Selbstverständliche:

Bei jeder Vorstellung stürzten sich die Kollegen auf mich: »Sag, wie macht er das?« Und »weiß es nicht« war keine Lüge. Ich musste das spielen, was in meiner Rolle stand, und das sollte niemand wissen.

Also auch ich nicht.

Jeder Interpret hat ein ganz bestimmtes Lied, auf das alle warten, wenn »er« da oben steht. Bei mir war es das Tiergespräch, und es war damals das Leitlied vom ständigen Partner, vom Scholz. Und der Scholz mit Vornamen Wenzel war ungefähr – so – ich kann es Ihnen nicht zeigen – ich hab nicht so lange Arme. Er war so dick. Er war der typische Ö-Dur-Komiker. Er war ein eingewanderter Preuße und hat eigentlich Herr von Plümecke geheißen. In jeder Nestroy-Komödie gibt es die große Nestroy-Rolle und die große Scholz-Rolle. Sie waren beide Komiker und waren trotzdem miteinander befreundet. Sie waren lebenslängliche Partner. – Der Wenzel Scholz hat die Anna Mölzer geheiratet und hat seinem jugendlichen Schwiegervater ins Stammbuch geschrieben:

»Der Mölzer ist sehr stolz
auf seinen Schwiegersohn, den Scholz.
Doch der Scholz ist noch viel stölzer,
auf seinen Schwiegervater Mölzer!«

Mach ma a Partie, sagt 's gesamte Vieh.
I bin dabei, sagt der Papagei.
Lieber ein Souper, sagt das junge Reh.
Das ist mir zu nobel, sagt der dicke Zobel.
Was geht denn das mich an, fragt der blade Pelikan.
Ihr wollts zu hoch hinaus, sagt die alte Fledermaus.
Aber was solln wir denn jetzt machen, fragen die
Schlangen und die Drachen.

Halts die Göscheln, sagen die Fröscheln.
Wir wolln tanzen, sagen die Wanzen.
Gehen wir in' Apollosaal, sagt die junge Nachtigall.
Das ist mir zu teuer, sagt der Fischreiher.
Lieber zur Traubn, sagen die Tauben.
Das is net schlecht, sagt drauf der Hecht.
Aber wo, fragt der Floh.
Auf der Erd, sagt das Pferd.
Auf 'n Tisch, sagt der Fisch.
Gebts endlich Ruh, sagt das Gnu.
Ös seids Dalken, sagn die Falken.
Schau, schau, schau, sagt der Pfau.
Fangts amal an, sagt der Fasan.
Wir gehn vorher äußerln, sagen die Zeiserln.
Und wir spieln, sagen die Grillen.
Aber was, fragt der Has.
Halber zwölf, sagen die Wölf.
Das ist verboten, sagen die Kroten.
No, so spiel' ma Brandln, sagen die Truthahnln.
Das is mir lieber, sagt drauf der Biber.
Hörts auf, das ist ein blödes Spiel, sagt das fade Krokodil.
Lieber Tarock, sagt der Bock.
Ja, mein Schatz, sagt die Katz.
Um an Gulden, um an halben, sagt ein ganzes Nest voll Schwalben, ein Nest voll Schwalben.
Allerhöchstens um ein Sechserl, meint 's Eidechserl.
Das wär simpel, meint der Gimpel.
Um ein' Batzen, sagn die Ratzn.

Mir is' recht, sagt der Specht.
Um an' Dreier, sagt der Geier.
Tuts net schummeln, sagn die Hummeln.
Wart a bissel, sagt das Wiesel.
Setzts euch z'samm, sagt das Lamm.
Wo is mein Sitz, fragt der Kiebitz.
Überall, sagt der Aal.
No, so misch, sagt der Stockfisch.
Du, heb ab, sagt der Rab.
Tuts net prellen, sagt die Forellen.
So spiel aus, sagt die Maus.
Den werdn ma schröpfn, sagt die Schnepfn.
I hab vier Buam, sagt der Wurm.
Das ist zu viel, sagt der Schill.
Die tun betrügen, sagn die Fliegn.
Halt den Mund, sagt der Hund.
I halt's net aus, sagt die Laus.
I muß verreisen, sagt die Meisen.
Fahrst nach Kassel, fragt die Assel.
Nein, nach München, sagt 's Kaninchen.
Über Wels, fragt die Gels'.
Übers Meer, sagt der Bär.
Da wirst ertrinken, sagen die Finken.
Nach Rodaun, sagt der Kapaun.
I gib was aus, sagt der Strauß.
Mir ein Bier, sagt der Stier.
Mir ein' Wein, sagt das Schwein.
Mir an Knödl, sagt 's Kamel.
Mir an Kas, sagt die Gaß.

I muß verreisen, sagt die Meisen.
Nach Kagran, fragt der Schwan.
Na, in' Prater, sagt der Kater.
Am Stephansplatz, sagt der Spatz.
Oder am Graben, fragen die Schaben.
Tuats euch schama, sagt das Lama.
I geh weg, sagt der Zeck.
Und wir gehn schlafen, wir gehn schlafen, sagn die Affen.
Und grüß euch Gott, und grüß euch Gott, sagt euch die Ott!

In meinem Zimmer, in meiner Wohnung auf dem Kohlmarkt, sind alle diese Ö-Dur-Figuren entstanden. Es ist ein in der Relation zu der ganzen Wohnung kleines Zimmer. Mit weißen Bücherwänden, in die mein Schreibtisch eingebaut ist, mit meiner Couch, die in der Nacht mein Bett ist, und einem weißen Tisch, an dem sich zwei gegenübersitzen können.

Es hat kein Fenster, sondern eine Türe, die fast die ganze Breite des Zimmers einnimmt. Diese Tür führt auf den Balkon, auf die Pawlatschen. Unten ist der Hof unseres Hauses, an der Rückseite der Michaelerkirche. Dächer, die ich so gut kenne wie die Linien auf meiner Hand: gar nicht. Weil ich sie fast mein bisheriges Leben lang vor meinen Augen gehabt habe. Vom Stephansturm sieht man die Spitze. Dieses Zimmer ist erst seit einigen Jahren mein eigenes Zimmer. Es war früher eher ein Hinterzimmer. Als Kind und als Mädchen und als verheiratetes Mädchen war mein Zimmer das Eckzimmer. Ecke Kohlmarkt–Michaelerplatz. Über mir, in einem gemauerten Zimmer auf dem Dachboden, hat Joseph Haydn gewohnt. Über dem Haustor ist die Gedenktafel. Auch Pietro Metastasio hat in diesem Haus gewohnt. Das Haus schließt an die Michaelerkirche an. Es gehört ja auch den Michaelern. Mein Vater hat die Wohnung gekauft, als ich noch ein Kind war.

Mein Vater.

Mein Vater war, glaub ich, übermittelgroß, blond, schlank, hatte blaue Augen. Sein Beruf war Uhrmacher, sein Leben der Garten und seine Kinder, mein Bruder Walter und ich. Garten und Haus in Klosterneuburg haben meine Eltern binnen zehn Minuten verkauft, um in der Stadt zu wohnen.

An der Kirche Am Hof – ja, *an* der Kirche – war das Geschäft meines Vaters. Ich erinnere mich ganz genau daran und bin erstaunt darüber.

Ich erinnere mich nämlich überhaupt schwer. Ich habe so vieles vergessen, verdrängt, wie wenn es nie gewesen wäre. Es geht mir beim Erlebniserinnern wie bei den Texten. Wie viele Worte, Sätze, hab ich schon in meinem Leben erlernt. Aber wenn ich sie nicht mehr brauche, vergesse ich sie. Ein Stück, das ich über hundert Mal gespielt habe, ist in mir vergessen, als wäre es nie dagewesen. Ich glaube, dass der unbewusste Mechanismus da herrlich arbeitet. Es wird alles in irgendeiner versteckten Zelle aufbewahrt. In einem Hinterzimmer. Aber wenn man wieder etwas braucht, dann holt man es hervor, und es ist da. Es war nur aufgehoben, damit es nicht belastet. Das war auch mein erstes Bedenken gegen dieses Buch: Ich werde so vieles nicht mehr wissen. Aber ich spüre, wie ich langsam alles hervorhole aus dem Hinterzimmer zum Hof.

Das Geschäft meines Vaters war dort, wo sich die Steindlgasse mit der Seitzergasse trifft. Die beiden Gassen laufen schräg zueinander zur hinteren Mauer der Kirche Am Hof. Die Mauerpfeiler bilden dort tiefe Nischen. Und in einer dieser Nischen war das Uhrengeschäft meines Vaters. Manchmal, aber es wird seltener, treffe ich heute noch Leute, die mir erzählen, dass sie immer zu meinem Vater gegangen sind, um mit ihm zu reden, zu plaudern, meistens sind schon andere dort gewesen, um dasselbe zu tun. Sie haben sich in dem kleinen Geschäft um den Werktisch meines Vaters gedrängt.

Ich war *sein* Kind. Wir haben auf Rädern Abenteuertouren gemacht, sind die Donau hinuntergeschwommen, die Kleider auf Autoreifen gebunden. Unser großer Plan war, uns ein Boot zu kaufen und uns ins Schwarze Meer treiben zu lassen.

Er wollte nur nicht, dass ich zum Theater gehe. Er hatte Angst, dass ich über ein Mittelmaß nicht hinauskommen würde, und davor wollte er mich bewahren. Der Traum meiner Mutter war das Theater. Dass sie das nicht erreichen konnte, bleibt eine Unerfülltheit in ihrem Leben. Einen Teil davon konnte ich ihr zurückgeben. – Sie hatte Verständnis für alles, hat erkannt, dass ich diesen Weg gehen muss, und hat mir, manchmal heimlich, dabei geholfen. Wir beide waren unzertrennlich.

Ich bin am Leben, weil mein Vater nicht mehr lebt. Bei einer Fahrt in den Urlaub sind wir in der Station Oberhofen-Zell am Moos auf der verkehrten Seite des Zuges ausgestiegen, ich bin gefallen, der D-Zug Wien–Salzburg ist gekommen, mein Vater hat mich von den Schienen gerissen, und es war aus. Ich bin mit meiner Mutter mit dem nächsten Zug nach Hause gefahren.

Ich bin jetzt weit von meinem Thema abgekommen, aber ich weiß, dieses Erlebnis gehört zu allem, was ich tue. Es läuft durch mein Leben.

Es wäre für mich so wichtig gewesen, meinem Vater zu beweisen, dass meine Entscheidung richtig war. Wie oft hab ich ihn in meiner Phantasie im Mozartsaal inmitten der Leute sitzen sehen. Wie hätte er mitgelebt. Wie hätte er mich bestätigt.

Wer weiß –

Bei jedem Blatt, das ich vor mir hab, auf das ich einen Text schreiben soll, kommt mir immer der Gedanke des Vergehens. Der Vergangenheit. Der Zukunft. Die Gefühle, die dieses Thema betreffen, sind aber doch unbeschreiblich. Man wird ja täglich durch irgendein Geschehen daran erinnert. Besonders, wenn man, wie ich, im 92. Lebensjahr ist und so oft mit Todesgedanken konfrontiert wird.

Um mich herum ist das große Sterben zu Haus. Kaum ein Tag vergeht, wo nicht einer meiner Schauspielerkollegen Abschied nimmt. Meistens nicht voraussehbar. Und die vielen Tröstungen, dass man ja jünger aussieht, als man ist, können die Gedanken nicht beeinflussen.

Unlängst wieder ein Bericht der Wissenschaft über das Fortleben nach dem Tod, die Erlebnisse, die man erlebt, oder doch besser ertodet, die Erscheinungen, die man erstirbt. Meine große Angstvorstellung ist die Einsamkeit, an der man vielleicht erkrankt.

Obwohl mich doch liebe Menschen hier begleiten und ich trotzdem Einsamkeit bei meinem Nochhiersein empfinde, ist es doch nur eine Vorstufe des Erlöschens. Ich möchte aber noch leben. Warum? Ich bin so neugierig ... Ich möchte wissen, was aus der Welt wird! Wo das Wollen und die Sehnsucht nach Friedlichkeit im Zusammenleben so programmiert wird und nichts daraus wird als vielleicht wieder Kriege, die ich aber nicht noch einmal erleben möchte.

Und meine Tiere! Ich lerne so viel von meinen Tieren. Sie leben nicht lange. Aber sie lieben. Sie zeigen, was Liebe ist. Ohne Berechnung. Sie brauchen nur, was ihren Hunger stillt. Es ist ihnen egal, wo sie mit mir leben. Das letzte Loch wäre ihnen egal, wenn sie nur mit mir hausen würden – müssten. Die Zuneigung von einem Tier ist so schön, sie lässt Verlassensein, von Menschen Enttäuschtsein, ertragen. Menschen tun einem was an. Ein Tier nie mit Absicht.

O ja – sie tun einem was an: Sie sterben, aber nicht absichtlich. Sie tun nichts zufleiß. Sie lieben. Ich liebe sie.

Das von ihnen Verlassenwerden kränkt mich unausdenklich. Aber wer weiß!

Und dieses »Wer weiß« lässt uns manches ertragen:

Alle Behauptungen der Wissenschaft – enden bei allem Nachdenken bei diesem »Wer weiß«. Sie wissen sonst vieles, die Medizin wird weiser. Aber über den Tod kommen sie, wenn sie noch so weit im Erforschen sind, über den Tod können sie nicht einmal Vermutungen anstellen und letzten Endes in der Sprache der Medizin einiges behaupten, doch das einzig Sichere ist: Wer weiß.

Aber das Alter ist erforschbar. Nur – ich frage mich – wodurch? Ich sehe auf der Straße ein uraltes Weiblein. Mein erster Ausruf ist: »Oh, ich glaube, die ist bestimmt zwanzig Jahre jünger als ich!« – Das ist beweisbar. Ich kann nur von meinen Erfahrungen sprechen. Von meinen Gefühlen. – Ja, ich fühle das Alter nicht. Ich hab nur schrecklich Angst vor der Zukunft. Es bleibt mir nichts anderes übrig als: »Lieber Gott, bitte, bitte wirf auch einen kleinen Blick auf mich, lass mein Gedächtnis klar sein, so lange es möglich ist!« Denn ich habe in meinem Beruf so unendlich viele Texte beherrscht, von denen ich kaum etwas behalten habe. Oder ja? – Ich weiß es nicht. Ich prüfe mich selbst. Ja! Es ist alles wieder da. Oder nicht? Ich weiß es nicht. Ich habe so viele Geschehen behalten, aber die nahen nicht. Ich habe oft so vieles in meiner Erinnerung, was viele Menschen meiner Umgebung nicht mehr wissen. Das mit den Namen ist eine blöde Sache, aber auch so unterschiedlich.

Jetzt rast mein Herz, wo ich vieles von mir hergebe. – So ist es auch mit meiner Schauspielschule, die ich »Studio der Erfahrungen« nenne. Ich will alles den jungen Leuten weitergeben – aber es war zu viel, was ich in meinem Leben erfahren konnte – musste. Ich kann darüber gar nicht schreiben, weil es ein oder zwei oder drei oder Hunderte Bücher würden. So – weg damit.

Auch der Tod wird immer wieder im Theater, in Stücken dargestellt, aber wie er wirklich erlebt wird, werden wir vielleicht nie wissen.

Bestimmt: ENDE.

Es gibt einen Satz, den ich immer wieder höre: »Aber bitte was Lustiges.«

Es gibt immer die Gelegenheit, wo ich von Institutionen oder zu irgendwelchen Veranstaltungen aufgefordert werde, etwas zu lesen, was zum Thema passt.

Ich habe Glück, dass ich immer etwas finde, das zum Thema passt, das man sich wünscht. Nur, dass alles lustig ist, ist schwer zu finden. Vor allem: Ich bin überhaupt keine Witzeerzählerin. Bei mir liegen die Pointen woanders. Nicht unbedingt beim Wort, sondern meist in der Situation. Auch. Das schließt das Wort aber nicht aus. Ich versuche in meinen Rollen immer einen Menschentyp zu finden, der in bestimmte Augenblicke gerät, die für Außenstehende (also das Publikum) komisch wirken und die Zuschauer zum Lachen bringen.

Mit dem Lachen ist es etwas Unerklärliches. Ich hab unlängst im Fernsehen etwas gesehen, das mich zum Lachen gereizt hat. Einen Vortrag eines Wissenschaftlers über das Geschehen im Menschen, wenn er diesen Reiz des Lachens empfindet. Da hab ich mir gedacht: Warum fragt er mich nicht? – Ich glaube, dass nur derjenige, dessen Beruf es ist, Menschen zum Lachen zu zwingen, das kann. Ja, zu zwingen. Denn der Mensch kann nur mit seinem Gehirn oder durch seine Augen eine Nachricht spenden, aber auch da kriegt er das Signal durch das Gehirn, das es ihm weitergibt, zum Lachen gezwungen zu werden.

Das heißt aber nicht, dass dieses Gehirn unbedingt intelligent sein muss. Auch das Gebotene muss es nicht sein. Aber es muss das eine zum anderen passen. Nur in besonderen Situationen passt alles zum anderen.

Wer hat denn diesen Blödsinn geschrieben?

Ha ha ha ...

Dieser Gedanke schwirrt durch alle Interpreten-Gehirne, die sich vor dem Auftreten hinter der Bühne befinden: Hoffentlich gelingt es mir heute. Ich glaub nicht, dass ich mich locker freimachen kann, um diese Menschen da unten dazu zu bringen, dass sie in einem Moment des Verstehens, des Begreifens eines Wortes, im richtigen Augenblick diesem Reiz, dem er sich nicht entziehen kann, nachzugeben. Er trifft zuerst den Bauch. Der kommt in Schwingungen, die ihm gar nicht befohlen sind. Dann zwingt er den Mund, sich zu öffnen, damit Töne, die aus dem Hals entstehen, Platz haben, sich zu formen, und hörbar werden. Dieser Vorgang dauert so lang, bis das Gehirn den Gedanken überwunden hat.

Wenn dieser Vorgang öfter wiederholt wird, führt das zu einer körperlichen Erschöpfung, die mit »Oah – ich kann nicht mehr!« oder »Gott, hab ich gelacht – ich bin völlig fertig!« oder Ähnlichem und tiefen Atemzügen endet. Ja, auch das Luftholen hat unter diesem Geschehen gelitten.

Auch ist man von einem Glücksgefühl besetzt,

denn man hat für einen Moment seine Sorgen, die einen vorher noch gequält haben, erlöst. Denn wenn man herzlich lachen muss, findet das Herz, die Seele keinen Platz für irgendetwas anderes.

Wir sind also Therapeuten, und das Publikum hat sich zu unseren Patienten gewandelt.

Hans Weigel über Hans Horwitz

Die meisten meiner Freunde waren Musiker, auch als ich zu schreiben begonnen hatte.

Einer von ihnen, zwei Jahre jünger als ich, Hans Horwitz, studierte an der Wiener Akademie und beendete seine Studien als gleichrangiger Pianist und Dirigent. Er war lustig und unterhaltend. Ein gewaltiger Improvisator. Er konnte Sänger imitieren und Komponisten parodieren. Dem Fixieren und Aufschreiben war er abhold. Dazu mußte man ihn zwingen, und das gelang selten.

Rudolf Spitz, mein Jahrgang, hochbegabt, wort- und geistgewandt, jetzt schon seit vierzig Jahren in London zu Hause – er und Hans Horwitz und ich hatten uns jäh aneinander angeschlossen, als die Kabarett-Gründungen in der Luft lagen.

Irgendein Saal im dritten Bezirk, vermutlich in der Ungargasse, gut besucht. Gedichte und ähnliches, vermutlich unter anderem auch von Harald Peter Gutherz. Ich habe alles vergessen bis auf den einen großen Augenblick.

Hans Horwitz saß am Klavier. Er fragte, was er spielen sollte. Irgend jemand im Saal rief »Tannhäuser«. Eine andere Stimme rief »Gruß und Kuß, Veronika« …

… das war ein Schlager aus einem Franziska-Gaal-Film: »Hat ein Mädel Lust zum Küssen / Und ihr Schatz ist grad nicht da / Schreibt sie einfach: Bitte, komm doch / Gruß und Kuß, Veronika«, ein blöder Text, denn er ist nur auf

jene Mädchen anwendbar, welche Lust zum Küssen haben und Veronika heißen. Aber er sei dennoch gesegnet.

Hans Horwitz kündigte an, er wolle beides spielen. Er begann mit den ersten vier Tönen des Pilgerchors, es folgte, organisch und sinnvoll, die Passage »Hat ein Mädel Lust zum Küssen« im Tannhäuser-Zeitmaß, es folgten, immer organisch und sinnvoll, die nächsten vier Töne des Pilgerchors, darauf, wieder organisch: Und ihr Schatz ist grad nicht da.

Eine Gattung, eine Methode war geboren. Wir nannten es »schweißen«. Wir vervollkommneten die Manier zunächst privat. Minutenwalzer, Donauwalzer und Frühlingsstimmenwalzer: Eine Minute Frühlingsstimmen an der schönen blauen Donau.

Wir wollten natürlich bei dem zu erwartenden neuen Kabarett dabei sein. Aus dem »Bund junger Autoren« heraus wurde »Literatur am Naschmarkt« gegründet. Was Rudolf Spitz dagegen hatte, weiß ich nicht. Ich erinnere mich aber, daß ich 1933 auf Urlaub war und erfuhr, in einem kleinen Hintergarten des Cafés Döblingerhof, Billrothstraße, sei die »Stachelbeere« eröffnet worden. Der Arbeiterdichter Josef Pechacek rezitierte seine Verse, Hilde Sikora tanzte, Grete Spohn und Gertie Sitte waren die Damen des Ensembles, Rudolf Spitz konferierte, schrieb, spielte, Hans Horwitz komponierte und spielte Klavier.

Ich habe das erste Programm nach meiner Rückkehr vom Urlaub als Zuschauer miterlebt – ich bringe vielleicht das erste und das zweite Programm der Sommerspielzeit 1933 etwas durcheinander –, es war ein echtes, brettlhaftes, jun-

ges Kabarett, ich stieg sofort voll in die Vorbereitungen zur zweiten Premiere mit ein. Ich erinnere mich an eine ungarische Hamlet-Version »Puszta-Hamlet«, vor allem an die musikalischen Schweißungen von Hans Horwitz. Man mußte damals der importierten Kohle einen Prozentsatz heimischer Kohle »beimischen«; diesen Beimischungszwang übertrugen wir auf das Musikalische, man mußte etwa dem »Fliegenden Holländer« Musik aus der Operette »Sissy« beimischen.

Der Herbst kam, »Literatur am Naschmarkt« eröffnete im Café Dobner. Wir blieben starrsinnig in Döbling und spielten ein Programm im Theatersaal des Cafés. Die Besitzer waren angenehm, das Programm war hübsch, aber kein Mensch fuhr in die Vorstadt, um ein Kabarett zu besuchen. Wir hatten dort unten einen Regisseur, einen Bühnenbildner, etliche Ensemblemitglieder. Ich erinnere mich an eine Julius-Cäsar-Version mit Werbung (»Mitbürger, Freunde, Römer, hört mich an, Schwerhörige, nehmt Philips-Hörgeräte«), an Hans Horwitz, der sich als Schubert über das Dreimäderlhaus und die Schubert-Filme beklagte, an eine Türkenbelagerungs-Nummer (»Am schönen blauen Schwarzen Meer / Lebt man bedeutend billiger / Was du in Wien pro Frau nur brauchst in barem / dafür bekommst du hier ein' ganzen Harem«), vor allem an eine austrifizierte und operettisierte Version des Wagnerschen »Rings« … und das erste Saal-Programm war das Ende der Döblinger Ära.

Ich begann für die »Literatur« zu arbeiten, aber es war kein Treubruch, ich blieb nach wie vor mit Horwitz und Spitz befreundet, und sie versuchten es mit einem neuen

Start im Café Collonaden, Reichsratsstraße, hinter der Universität.

Die »Literatur« hatte zu blühen begonnen. Ihr Erfinder und Manager, ein »Erwachsener« namens F. W. Stein, dachte sich eine Fusion der beiden Unternehmungen aus, und es folgte die zweite und letzte Blüte der »Stachelbeere«. Ein Regisseur kam, Peter Ihle, Wiener, aus Berlin emigriert, wo er an der Volksbühne engagiert gewesen war, ein Kultivierter, Großstädtischer, Künstlerischer, mit dem ich mich anfreundete und dem ich erste Erkenntnisse über das Theater danke. (Er ging dann nach England, nannte sich Peter Illing, arbeitete im Theater, beim Film und im deutschen Programm der BBC und ist in den sechziger Jahren in London gestorben.)

Die »Stachelbeere« hatte damals zwei Klaviere. Eine typische Horwitz-Nummer war der musikalische Mitropa-Cup. Zuerst »spielte« Ungarn gegen Italien, dann Österreich gegen die Tschechoslowakei. Im Finale schließlich siegte Österreich über Italien: Haydn schoß mit »Gott erhalte« das siegbringende Goal.

Alle diese und alle anderen musikalischen Nummern entstanden, indem Rudolf Spitz, Hans Horwitz und ich zusammen in der Nähe eines Klaviers weilten, gemeinsam phantasierten, blödelten. Horwitz schrieb ungern Noten auf, vor allem wenn dann er selbst zu spielen hatte. Er war ein Genie der Improvisation, er hatte alle erdenkliche vorhandene Musik im Kopf parat, er war beim Ausdenken der Dialoge ebenso mit dabei wie wir bei der Musik.

Unser Magnum Opus (Horwitz/Weigel) war die Fünf-

undvierzig-Minuten-Operette »*Der Walzerkavalier*«. *Wie Franz Schubert im* »*Dreimäderlhaus*« *war hier Richard Strauss Held einer kitschigen biographischen Operette voll von textlicher und musikalischer Satire. Der dritte Akt kulminierte in einer von mir allzu direkt und massiv gearbeiteten Attacke gegen die Kollaborateure Strauss, Hauptmann und Furtwängler und sprengte das Operettenniveau. Diese Schluß-Szene wurde nur bei der Premiere gespielt.*

Zu jener Zeit war Hans Horwitz Kapellmeister am Wiener Stadttheater. Dort spielte man täglich zweimal, sonntags dreimal Operetten. Ich holte ihn nach der letzten Vorstellung ab, und wir setzten uns entweder in ein Café oder gingen in meine elterliche Wohnung, um zu arbeiten.

Einmal mußte ganz schnell eine musikalische Nummer entstehen, ein Quodlibet womöglich, für Gertie Sitte und Eduard Kautzner. Wir gingen mit Rudi Spitz in meine Wohnung, spätabends, wir waren alle drei müde und mürrisch, wir blödelten vor uns hin, ohne Laune, mit viel Kaffee und Zigaretten (getrunken wurde nie in diesen Zusammenhängen), wir schrieben textlich und musikalisch irgend etwas auf, nur um unseren guten Willen zu erweisen. Als der Morgen graute, war die Nummer fertig – und sie lebt heute noch, nach vierzig Jahren. Damals hieß sie »*Besuchet die schöne Oper!*«*, heute heißt sie* »*Demnächst in diesem Opern theater*«.

Was wäre aus Hans Horwitz geworden? Das Maß zu einem Gerard Hoffnung hatte er zweifellos, er war ein vortrefflicher Pianist (bis hinauf zu den Brahms-Klavierkonzerten) und Begleiter, er war ein zumindest brauchbarer

Dirigent, er verstand sich aufs Komponieren, er war ein kabarettistisches Genie, er hätte der Sawallisch werden können oder der zweitbeste lebende Lied-Begleiter, er hätte jedem Sender in vielen Eigenschaften wohlgetan. Vielleicht wäre er ein verbummeltes Genie geworden, ein Wiener Original, an seiner Vielfältigkeit und seinem Naturell scheiternd.

Er heiratete und ging mit seiner Frau rechtzeitig nach Amerika. Zunächst lernte er an einer Universität bei Darius Milhaud Komposition. Milhaud schätzte ihn. Er begann seriöse Kammermusik zu schreiben. Auch war er als Begleiter bedeutender Sänger tätig. Wie alles sich im einzelnen entwickelte, weiß ich nicht. Er war schließlich in Palo Alto, nächst San Francisco, gab Stunden, leitete eine »opera group«, wo ein- oder zweimal jährlich Dilettanten Opern vorführten, die er einstudierte und am Klavier begleitete. Wir waren immer in Kontakt miteinander. Und ich hatte fanatische Sehnsucht danach, ihn wiederzusehen. Und umgekehrt war ich ein Symbol für seine Sehnsucht nach Wien und Österreich.

Es ergab sich für mich eine Chance, nach Kalifornien eingeladen zu werden. Ich sagte zu, unter der Bedingung, daß ich die Route über San Francisco nehmen durfte und daß anschließend Hans Horwitz nach Beverly Hills eingeladen wurde. Der kalifornische Gastgeber war gleichfalls ein Wiener, der den Beruf eines Psychoanalytikers ausübte und seine Wiener Abende gern beim Heurigen verbrachte. Ich schrieb als Gastgeschenk einige psychoanalytische Heurigenlieder und schickte sie an Hans zum Vertonen. Ich kam nach Palo Alto, am nächsten Morgen standen wir, wie einst, am Klavier und arbeiteten an den Heurigenliedern. Dann ging meine Fahrt weiter, aber acht Tage später wurde in eine kalifornische Villa ein Klavier transportiert (gar nicht einfach), etliche Gäste europäischer Provenienz versammelten sich, Hans kam, er kreierte die psychoanalytischen Heurigenlieder, dann sang er, sich selbst begleitend, alles, was er von damals noch wußte, das »Quodlibet«, Stücke aus dem »Walzerkavalier«, Chansons, Parodien – nach einem Vierteljahrhundert.

Das alles wird nie aufgeschrieben werden und nie beschrieben werden, man wird auch in den Zeitungen der dreißiger Jahre keine authentischen Berichte finden, es gibt kaum Photos, es gibt kaum mehr Zeugen. Hans hat damals in Beverly Hills versprochen, einiges auf Band zu spielen. Aber ich kannte ihn und wußte: Er wird nicht. Und dann gab ich mir einen Ruck und tat, was man so selten tut.

Mein sechzigster Geburtstag, 1968, war der Ausgangspunkt. Hans sollte auf einige Wochen nach Österreich kommen. Er sollte im Zeitraffer das Verlorene bekommen. Ich schnorrte Geld zusammen. Viktor Suchy vom Österreichischen Dokumentationszentrum war hilfreich, der Bayerische Rundfunk (Heinz Greul) war hilfreich, der Österreichische Rundfunk (Wilhelm Hufnagl, ehemals »Literatur am Naschmarkt«) war hilfreich, die Österreichische Gesellschaft für Musik war hilfreich. Die Schallplattenfirma Preiser war munifizent und produzierte eine kleine Hans-Horwitz-Platte mit musikalischen Blödeleien – Hans hatte das Band vorausgeschickt: Eine Minute Frühlingsstimmen an der schönen blauen Donau, Tristan in der Türkei (Tristanmusik, gemischt mit Mozarts Alla Turca), die Träumereske (Schumanns Träumerei, geschweißt mit Dvoraks Humoreske), Rachmanny Boy (Rachmaninoffs Cis-Moll-Prelude und der Schlager »Sonny Boy«) …

Hans kam via Nürnberg, wo er Freunde besucht hatte. Er wünschte sich eine Donaufahrt von Linz nach Wien. Wir trafen einander am Bahnhof von Linz, und da das einzige brauchbare Schiff zeitig früh abfuhr, hatte ich einen Abend bei der Volkshochschule Linz arrangiert, »Die große Zeit der kleinen Kunst«: Ich plauderte, Hans spielte und sang. Wir fuhren einen Tag lang donauabwärts. Wer Wien liebt, sollte auf dieser Route ankommen.

Hans liebte Wien. Nach mehr als dreißig Jahren kannte er noch die Namen der Straßen, die Straßenbahnlinien, Firmennamen. Mein Buch »O du mein Österreich« scheint zu einer Art von Evangelium für ihn geworden zu sein, er zitierte es immer wieder passagenweise aus dem Gedächtnis. Er lernte meine Freunde kennen. Wir gingen in die Oper, wo wir so viele Abende auf der vierten Galerie verbracht hatten, saßen in einer Loge, gingen in der Pause zu Dr. Karl Böhm, dem ich Hans vorstellte. Wir hatten unseren großen Abend in der Gesellschaft für Musik: Elfriede Ott sang das Quodlibet, Hans begleitete sie. Dieses Quodlibet war ein wesentliches Stück aus dem Ott-Programm »Die lustigen Klassiker«, das in dieser Zeit im Mozart-Saal mit Erik Werba am Klavier wiederholt wurde. Hans war im Publikum. Elfriede Ott erzählte von ihm, bat ihn auf das Podium, er begleitete sein Stück, Erik Werba saß daneben und hörte zu. Einmal hatte er, eine Sternstunde seines Lebens, Ovationen des Wiener Publikums in einem Wiener Konzertsaal.

Ein Auto wurde gemietet. Wir fuhren nach Graz, gaben unseren Abend im »Forum Stadtpark«, dann fuhren wir ins steirische Salzkammergut, an den Grundlsee, Schauplatz gemeinsamer Urlaubserinnerungen aus den Jahren um 1930. Er sah wieder, was er geträumt hatte.

An meinem Geburtstag hatte ich als Gast der Österreichischen Gesellschaft für Literatur das Programm ausgewählt. Hans sang und spielte unsere Hofmannsthal-Strauss-Parodie aus dem »Walzerkavalier«.

Auch Paul Burkhard wirkte mit. Er und Hans freundeten sich an: zwei Kollegen, der eine mittendrin, der andere weit, weit draußen.

Natürlich versuchte ich, irgendeine Möglichkeit des Wirkens in Wien für ihn zu finden. Vor allem der Herr Dr. Sittner, der damals die Musikakademie leitete, war sehr freundlich und rührte keinen Finger.

Das Elfriede Ott/Waldemar Kmentt-Programm »Das kleine Zweimaleins« wurde in diesem Sommer 1968 vorbereitet. Wir brauchten eine umfangreiche parodistische Suite. Mit Erik Werba habe ich »Rigoletto von Orff« geschrieben, mit Alexander Steinbrecher »Salome von Nestroy«. Nun spielten Hans und ich alte Zeiten. In der Cottage-Villa eines Freundes fanden wir uns viele Nachmittage lang wieder an einem Klavier sitzend, ich Auge in Auge mit ihm stehend. Wir verfertigten »Tristan von Mozart« und »Aida von Richard Strauss« (»Der Pyramidenkavalier«). Mozarts

»Tristan« kam auch in das Programm, der »Pyramidenkavalier« freute uns alle nicht sehr beim Studium. Ich hatte eine Idee und schrieb an Hans, der längst wieder zu Hause war, er sollte ganz schnell das Torero-Lied aus »Carmen« als Händel-Arie schicken, wir brauchten das dringend als Solo für Waldemar Kmentt. Sehr schnell, ganz überraschend entgegen seiner sonstigen Gewohnheiten, kam die Händel-Arie zu uns.

Sie erwies sich als parodistisches Meisterstück, wir ahnten, daß sie der Höhepunkt des Abends werden würde, und im Geist entwarf ich schon das Telegramm, das wir gleich nach der ersten Aufführung an den Hans schicken würden. Als aber das Publikum im Großen Musikvereinssaal über »Carmen von Händel« jubelte, lebte Hans Horwitz nicht mehr.

Ein Herzschlag, plötzlich und unerwartet, innerhalb von Sekunden. Er kann nichts davon gemerkt haben, hat seine Frau mir geschrieben.

Es ist was Wunderbares, wenn man einen Partner hat, dem die Musik das Höchste in seinem Leben bedeutet. Seit er nicht mehr da ist, höre ich allein Musik. Ich habe Gott sei Dank ein Abonnement im Musikverein und höre die schönsten Konzerte. Aber immer in dem Einatmen von seinem vergangenen Musikhören.

Mein erstes Begegnen mit der klassischen Musik verdanke ich meinem Freund Heinz. Er war Bühnenbildner und von Kunst angefüllt. Wir gingen ins Konzert, er hatte die Partituren mit, und ich durfte mitlesen. Das war mein erster Schritt.

Es gibt so starke Eindrücke, die man nie vergisst. Ich war zum Beispiel einmal im Konzerthaus beim Karajan. Er dirigierte die Erste Mahler. Das war überirdisch. – Dann waren wir mit dem Karl Böhm in Verbindung und in Salzburg bei seinen Konzerten. Er kam zu mir zum Straßentheater und saß am Randstein, und Kinder spielten auf ihm. Damals hatte er einen hohen Geburtstag, zu dem es eine Veranstaltung gab, wo er durch Lieder und Reden geehrt wurde. Es war im Kleinen Festspielhaus. Hans Weigel hat mir ein Couplet auf Karl Böhm geschrieben. Im Stile Nestroys. Ich saß auf der Bühne, inmitten großer Sänger, die für ihn sangen. Ich war durch meinen Platz derart aufgeregt – neben mir Künstler, die ich nur durch meine Verehrung kannte. Kann man sich vorstellen, dass neben und hinter und vor einem die »Königin der Nacht« sitzt – und die Gräfin im »Figaro«

und der »Falstaff« und der »Hans Sachs« und und und …

Wir waren auf Ferien in Sils Maria in der Schweiz. Eine von Hans heiß geliebte Landschaft, die er mir zeigen wollte. Wir spazierten auf den Inseln und in den Wäldern rund um die Silser Seen, und er redete über Musik. Sein großes Thema. Er erklärte mir die Formen der Sätze der großen Symphonien, sezierte die genialen Einfälle seiner Lieblingskomponisten. Er sagte mir genau, was ihn an Liszt, Wagner, Strauss störte, erzählte von seinen Stehplatzerinnerungen.

»Bitte, schreib mir das auf!«

Am selben Abend waren die ersten Zeilen von »Apropos Musik« geschrieben, und ich ging fast nur noch allein spazieren.

Zweimal hab ich sie erlebt, die große Oper. Immer in der Höchstform.

Das erste Mal: Ein Anruf: »Hier ist die Staatsoper. Wir möchten Sie als ›Ida‹ in unserer Silvestervorstellung, sie wird von Herrn von Karajan geleitet.« Mir ist das Herz in die Hose gefallen.

In dieser Zeit hab ich in einem Stück in der »Josefstadt« gespielt: »Fröhliche Geister«. Zitternd hab ich den Direktor Stoß angerufen: »Ich möchte so gern diese Ida spielen.« Der hat gesagt: »Mein Kind, ich besetz dich um. Ich weiß, was das für dich bedeutet.«

Die ersten Proben waren in einem Proberaum. In dem waren sie alle, die berühmten Sänger, und begrüßten mich wie eine Kollegin. Ich konnte so tun, als wäre ich nicht aufgeregt.

Aber dann! Die erste Probe auf der Bühne. Das Orchester war da. Und Herr von Karajan am Dirigentenpult. Bis dahin hab ich nicht gewusst, was Ausstrahlung bedeutet. Ich war von Strahlen getroffen, und dann war der Moment da. Ich hatte einen Satz zu singen! Die Stelle vor meinem Einsatz kam immer näher. Ich glaub, mein Zittern muss hörbar gewesen sein. Ich starrte auf »ihn«. Plötzlich löste er sich von seinem Platz und fing an zu gehen. Durch die Musiker zu einer kleinen Treppe, die auf die Bühne führte. Herz. Immer näher. Gott, ist der schön! Er legte seine Hand auf meine Schulter. Mein Einsatz war da. Er: »No?« Ich brüllte meinen Satz hinauf zu ihm. Es war gar nicht so falsch, aber hässlich. Begleitet von den Philharmonikern unter Herbert von Karajan!

Als ich am Silvesterabend die Oper betrat, sagte der Bühnenportier zu mir: »Guten Abend, Frau Kammersängerin.« Ich antwortete: »Guten Abend« und ging beschämt in meine Garderobe. Ich hab diese Titulierung nicht entschärft. Ich hab nicht gesagt: »Ich bin doch nur eine kleine Schauspielerin.« Aber das war nicht das Ärgste.

Ich wurde in meiner Garderobe von einem Radioreporter erwartet: »Frau Ott, was haben Sie denn noch vor, in der Oper zu singen?« Ich: »No, die Susanne im ›Figaro‹, das Ännchen im ›Freischütz‹ und das Evchen in den ›Meistersingern‹.« Er: »Das ist aber schön. Ich gratuliere zu dieser Karriere.«

Und das war eine Sendung. Wie viele Leute haben das jetzt gehört?! Wie mir das bewusst geworden ist, hab ich bitterlich geweint, und das vor der Premiere!

Das zweite Mal als Partnerin von Waldemar Kmentt. Ein herrlicher Tenor der Wiener Staatsoper.

Der Höhepunkt unseres Duo-Programms »Das kleine Zweimaleins« war sein »Auf in den Kampf« von Händel. Und der Höhepunkt vom Höhepunkt war sein lang ausgehaltenes hohes Olé-B.

Ich war so entzückt davon, dass ich ihn gebeten habe, es doch noch einmal zu singen. »Bitte! Für mich!« – »Olé!« – Und dann noch einmal. »Bitte!« – »Olé!« – Und ein letztes Mal – »Olé!« – Und dann noch ein allerletztes Mal! – »Olé!« Der Schweiß stand auf seiner Stirne.

Waldemar war ein Glücksfall. Man sagt, Partner mit Stimme wären gefährlich, wenn sie auch noch so nett sind. Wenn sie oben stehen und die Leute sitzen unten, vergessen sie alles, was um sie herum ist. Es gibt nur noch sie und ihre Stimme. Bei Waldemar Kmentt war es nie so. Er hat mich nicht einen Augenblick vergessen. Er hat auf mich aufgepasst. Meine Stimme wurde neben ihm plötzlich zu einer Stimme.

Die Hauptnummer im »Kleinen Zweimaleins«, in der das beschriebene Olé vorkommt, ist »Die vertauschten Köpfe«.

Eigens für dieses Programm und für uns geschrieben und komponiert. Von Hans Weigel, Richard Wagner und Hans Horwitz die Texte, von Hans Horwitz, Alexander Steinbrecher und Erik Werba die Musiken. »Tristan von Mozart«, »Carmen von Händel«, »Salome von Nestroy« und »Rigoletto von Orff«. Die Musik war immer im jeweiligen Stil nachkomponiert. Der Tristan im unveränderten Original-Wagner-Text, er hatte eine Parodie nicht nötig, mit einer von Hans Horwitz nachempfundenen Mozart-Musik. Es war ein Duett Tristan und Isolde. Beim Händel waren Text und Musik von Hans Horwitz.

Zu dem Lied der Salome hat Alexander Steinbrecher eine schimmernde Couplet-Musik à la Richard Strauss geschrieben.

Die Orff-Musik zu »Rigoletto« ist von Erik Werba. Zur hellen Freude aller Orff-Kenner.

HANS HORWITZ

»*Tristan und Isolde*« *von*
Wolfgang Amadeus Mozart

ISOLDE: Wüßtest du nicht, was ich begehre, mein lieber Tristan,
 da doch die Furcht, mir's zu erfüllen,
 fern meinem Blick dich hielt.
TRISTAN: Meine liebe Isolde, die Sitte lehrt,
 wo ich geboren:
 Zur Brautfahrt der Brautwerber meide fern die Braut.
ISOLDE: Aus welcher Sorg'?
TRISTAN: Frag die Sitte.
 Wohl kenn' ich Irlands Königin
 und ihrer Künste Wunderkraft;
 den Balsam nütz' ich, o Isolde, den sie bot,
 den Becher nehm' ich nun,
 daß ganz ich heut' genese!
ISOLDE: Mild und leise, wie er lächelt,
TRISTAN: mild und leise, wie ich lächle,
ISOLDE: wie das Auge hold er öffnet,
TRISTAN: wie das Auge hold ich öffne,
ISOLDE: immer lichter, wie er leuchtet,
TRISTAN: immer lichter, wie ich leuchte.
ISOLDE: Wie das Herz ihm mutig schwillt,
 wie das Herz ihm mutig schwillt.
 Soll ich atmen, soll ich lauschen?
TRISTAN: Soll sie atmen, soll sie lauschen?
ISOLDE: Soll ich schlürfen, untertauchen?
TRISTAN: Soll sie schlürfen, untertauchen?

ISOLDE: Süß in Düften mich verhauchen?
TRISTAN: Süß in Düften sich verhauchen?
ISOLDE: Unbewußt, höchste Lust.
TRISTAN: Unbewußt, höchste Lust.
ISOLDE: Unbewußt,
TRISTAN: höchste Lust,
ISOLDE: Unbewußt,
TRISTAN: höchste Lust.
BEIDE: Unbewußt, höchste Lust,
  unbewußt, höchste Lust,
  ja, höchste Lust,
  ja, höchste Lust,
  Ja, höööööchste Lust!

»Carmen« von Georg Friedrich Händel

Und als es Abend wurde,
versammelte sich viel Volk in der Schenke,
Altistinnen und Sopranistinnen,
Tenöre und Bässe,
Soldaten und Schmuggler,
und solche, die es werden wollten.
Sie genossen des Weines
und harrten dessen, der da kommen sollte:
Und es begab sich,
daß dieser erschien,
Escamillo, der Toreador.
Und er trat nach vorne an die Rampe
und sprach also:

Auf,
auf,
auf in den Kampf,
auf in den Kampf,
auf in den Kampf,
auf in den Kampf –
auf,
auf,
auf, auf in den Kampf,
auf in den Kampf,
auf in den Kampf, Toreador!
Stolz,
Stolz,
Stolz,
Stolz,
Stolz, Stolz in der Brust,
Stolz,
Stolz in der Brust,
siegesbewußt,
Stolz in der Brust,
siegesbewußt,
siegesbewußt,
Stolz in der Brust.
Auf,
auf,
auf, auf in den Kampf,
auf in den Kampf,
auf in den Kampf,
auf,

auf,
auf,
auf,
auf in den Kampf,
Toreador!
Olé!

»Salome« von Johann Nestroy

Ich bin die Jungfer Salome,
am Hof hier tu ich hausen,
jetzt hab ich ein Mordshunger und
ich freu mich schon auf d' Jaus'n.
Der Hof, der ghört dem Mann von meiner Mutter,
mein' Herrn Göden,
der macht mich ganz rabiat
mit seiner Galanterie, der blöden;
und so wie er sind alle Männer rundherum Verführer,
grad hat sich einer umbracht wegen mir, ein junger Syrer.
Doch ich, ich hab nur einen gern;
sagt auch mein Göd, Herr Rodes:
Wenn du auf diesem Wunsch beharrst,
bist du ein Kind des Todes,
dann antwort' ich: No gehn S', Herr Göd,
was liegt mir denn am Leben?
Ich möcht gern dem Jochanaan, Jochanaan
ein Busserl, ein Busserl geben!

Es gfallt mir der Jochanaan
viel mehr als der Herr Rodes.
Der hat so was Gewisses, Interessantes,
was Marodes;
und wenn ich mir ein Hausstand gründ',
den heiratat ich eher
als einen jungen Stutzer,
ein' Phönizier, ein' Chaldäer,
er haust zwar drunt in der Zistern,
doch häng' ich nicht am Geld,
dafür ist seine Haut so weiß
wie d' Lilien auf dem Feld.
Er ist so dürr, das mag ich gern,
ganz abgezehrt, so ledern,
sein schwarzes Haar schaut aus so wie
am Lybanon die Zedern.
Sein Fleisch ist kühl, sein Mund ist rot,
und süß wie die Zibeben.
Ich möcht gern dem Jochanaan, Jochanaan,
ein Busserl, ein Busserl geben!

SALOME: *(hat ihr Jausenpackel mit, darin ist der Kopf des Jochanaan)*
Was die Mannsbilder da an dem Hof aufführen, das ist völlig aus der Weis'. Und vor allem mein Göd, der Herr Rodes! Allweil will er, ich soll tanzen, aber ich setze seinen Tanzungsanheischungen eine strikte Tanzungsnegation entgegen: Ich will nit, hab ich ihm gsagt, dem Herrn Rodes – ich will nit – und

wenn ich nit will, hab ich ihm gsagt, dann will ich nit – hab ich ihm gsagt, dem Herrn Rodes. Aber glauben S', das nutzt was? Smaragden will er mir schenken, sagt er, wenn ich tanz, und meiner kategorischen Smaragden-Verweigerung schenkt er keinen Glauben. Was hab ich von die schönsten Smaragden, ich, mit meinem Liebeskummer im Herzen. Mein' Jochanaan, den will ich! Aber der Herr Rodes, wie er das spannt, sperrt er ihn in der Zisterne ein. Aber da is erst recht losgangen in meinem liebesdurchtobten Innern! Denn wenn die Liebe die Butter ist, die uns das tägliche Brot des Lebens gschmakkig macht, dann ist das Verbot der Honig auf dem Butterbrot der Liebe. Ich laß mir den Jochanaan heraufholen aus seinem Tiefparterre, aber der versalzt mir den Honig: Ich speanzl auf ihn, ich scharmutzier auf ihn, ich steigere die Scharmutzierung zur Tändelei und diese zur Koketterie – ich will ihm, kost's was kost', den Kopf verdrehn, aber er sagt nur abwechselnd Tochter Babylons und Tochter Sodoms auf mich und widersteht meinem Kokettierungs-Tändeleigeplänkel. Doch weil mein Göd, der Herr Rodes, gsagt hat, ich kann mir wünschen, was ich will, wenn ich tanz, sag ich: gut. Ich hab fürn Jochanaan eine gewisse Glut in mir, und ich tanz nur, wenn du dazuschaust, daß der Jochanaan den Kopf verliert, und wenn's nur ein Busserl wär … Er lächelt so gwiß – er gibt mir sein Ehrenwort – ich tanz einen Gstrampften – dann sagt der Herr Rodes: Warte nur noch einen Moment – zwei Knechte bringen mir mein Jausensackerl – Mahlzeit, sagt der Herr Rodes. Jetzt bin ich neugierig, wie mein Herr Göd das anstellt, daß dieser widerspenstige Jochanaan … aber erst mach ich mein Jausensackel auf –

Sie bindet das Tuch auf, darin ist ein lebensgroßer Kopf, der dem Waldemar Kmentt verblüffend ähnlich sieht.

Jö! Er ist wirklich brav, der Herr Rodes.

> Das ist der schönste Augenblick
> in meinem ganzen Leben:
> Jetzt kann ich dem Jochanaan
> ein Busserl geben.

Sie küßt den Papiermachékopf heiß und glühend. Waldemar Kmentt tritt auf und singt zum erstenmal in seinem Leben den Herodes:

Man töte dieses Weib!

»*Rigoletto« von Carl Orff*

SIE: Mobile, mobile.
ER: La donna e mobile.
SIE: Mobile, mobile.
ER: La donna e mobile,
SIE: la donna e mobile,

ER: la donna e mobile,
SIE: la donna e mobile,
BEIDE: la donna e mobile.
ER: Frauenherzen, Frauenherzen,
SIE: trügerisch, trügerisch,
ER: trügerisch,
BEIDE: trügerisch,
ER: Teifi, Teifi, Teifi, Teifi,
    Frauenherzen
SIE: trügerisch.
ER: Gaudeamus igitur,
SIE: Frauenherzen
ER: trügerisch.
SIE: Ich und du und Müllers Kuh,
ER: Frauenherzen trügerisch,
SIE: Müllers Esel
ER: mobile.
SIE: Der bist du.
ER: Sakra, sakra, sakra, sakra,
SIE: sakra, sakra, sakra, sakra,
ER: Quod licet Jovi, non licet bovi.
SIE: Sakra, sakra, sakra, sakra
    sakra,
ER: sakra, sakra,
SIE: sakra,
    sakra, Sacre du printemps,
ER: Sacre du printemps.
SIE: Quod licet Jovi, non licet bovi.

SIE: Igor!
Igor!
Igor!
Igor, Igor, Igor, Igor, Igor, Igor!
ER: Hofbräuhaus, Hofbräuhaus.
Frauenherzen trügerisch.
SIE: Hofbräuhaus, Hofbräuhaus.
Donna e mobile.
ER: Frauenherzen trügerisch,
SIE: trügerisch, Frauenherzen,
BEIDE: la donna e mobile,
la donna e mobile,
ER: mobile,
SIE: mobile,
mobile, mobile, mobile, mobile, mobile, mobile,
ER: Perpetuum mobile,
SIE: mobile, mobile,
Perpetuum mobile,
mobile, mobile,
Perpetuum mobile,
Perpetuum mobile,
Perpetuum mobile,
Perpetuum mobile …
BEIDE *(verklingend):* Und so weiter,
Und *so* weiter,
Und so *wei*ter,
Und so weit*er*,
Und so weiter …

Die letzten beiden Stücke im »Kleinen Zweimaleins« waren frei von allem Jux, nicht frei von Heiterkeit, aber erfüllt von heiterer Ernsthaftigkeit. Ferdinand Raimund. Und hier hat Waldemar Kmentt wieder seine künstlerische Qualität bewiesen. Er war ein schlichter, persönlicher Valentin aus dem »Verschwender«. Sein Hobellied war einfach und schön. Und er war, was er wirklich nicht sein müsste, er war ein sehr guter Wurzel aus dem »Bauer als Millionär«. Er spielte die große Szene, den Abschied der Jugend, ergreifend und professionell. Wie wenn er es gewöhnt wäre, schwierige Prosaszenen zu spielen.

Es war schön, dass das Ende dieses Programms leise und verklingend war.

Auch unser Abschiedsgspaß war leise, verklingend:

O du lieber Augustin,
alles is hin,
's Geld is hin, 's Mensch is hin, alles hin, Augustin,
o du lieber Augustin,
alles is hin.

O du lieber Augustin,
alles is hin,
Mozart hin, Wagner hin,
Nestroy hin,
Haydn hin,

o du lieber Augustin,
alles is hin.

O du lieber Augustin,
alles is hin,
d' Füß san hin, 's Kreuz is hin,
Stimm' is hin, Flügel hin,
o du lieber Augustin,
alles is hin.

O du lieber Augustin,
alles is hin,
Kmentt is hin,
Ott is hin,
Werba hin,
Weigel hin.
O du lieber Augustin,
alles is aus,
o du lieber Augustin,
gehn wir nach Haus!

HANS WEIGEL
Das Lied vom kleineren Übel

Irgendwo lebt ein Mann, ich kenn' ihn persönlich,
Der scheint mir beachtlich und außergewöhnlich,
Weil er, was auch immer ihm Böses passiert,
Nicht eine Minute die Fassung verliert.
Einst war er begütert und hochangeseh'n,
Als ehrend galt's, mit ihm am Corso zu geh'n,
Seither hat sich sein Renommee längst verflüchtigt,
Heut ist er gemieden, verhaßt und berüchtigt.
Jetzt werden Sie glauben, er selbst ist dran schuld,
Da bitt' ich Sie nur um ein Weilchen Geduld:
Der Mann wird verachtet, und das ist zu dumm,
Doch keiner kann sagen, wieso und warum.
Und anstatt, daß er sich nun ärgert und kränkt,
Über Weltall und Menschheit viel Böses denkt,
Bewahrt er inmitten von Katastrophen
Noch immer die Ruhe des Philosophen.
Kriegt er eine Watschen, sagt nach kurzem Gegrübel
Er milde und freundlich: Das kleinere Übel.

Man hat ihn um Titel und Ehren gebracht,
Wohin er auch kommt, wird er ausgelacht,
Man hat ihn öffentlich gröblichst beleidigt
Und ihm dann nicht gestattet, daß er sich verteidigt,
Wer Geld gebraucht hat, hat ihm stets gewinkt,

Und hat er's gehabt, hat er g'sagt, daß es stinkt,
Man richtet ihn systematisch zu Grund,
Doch glauben Sie, das wird dem Mann je zu bunt?
Er sagt ganz ruhig nach kurzem Gegrübel,
Was immer ihm zustößt: Das kleinere Übel.

Er hat eine Tochter, die ist reizend schön
Und möchte so gerne zum Tonfilm geh'n,
Doch großes Können und Schönheit versagt,
Sie findet kein Engagement, Gott sei's geklagt;
Oft kommt sie nachhause: Wie ungerecht!
Die Zeit ist erbärmlich, die Menschen sind schlecht!
Doch der Vater sagt ihr nach kurzem Gegrübel:
Bleib ruhig, mein Kind; das kleinere Übel.

Er hat einen Sohn, der studiert Medizin,
Den haben die Kollegen vor Jahren bespien,
Er kam damals zornig zum Vater nachhaus
Und rief: Das halt' ich nicht länger mehr aus!
Doch der Vater sagte nach kurzem Gegrübel:
Bleib ruhig, mein Kind; das kleinere Übel. –
Und jetzt hat der Bub seine Studien beendet,
Sich überall hin um Arbeit gewendet,
Doch »Nein!« rufen alle Stellen im Chor,
Und Minderbegabte zieht man ihm vor.
Er wurde ganz mutlos und fragte: Papa,
Sagst du wirklich noch immer zu alledem ja?
Doch der Vater sagte nach kurzem Gegrübel:
Bleib ruhig, mein Kind; das kleinere Übel.

So hat er seit Jahren auf allen Gebieten
Samt Haus und Familie viel Unrecht erlitten.
In letzter Zeit geht es ihm ärger denn je,
Kein anderer traut sich ihm mehr in die Näh',
Gewachsen die Mißgunst, der Haß und der Neid,
Er findet nirgends Gerechtigkeit,
In Sommerfrischen, auf Bergen, an Seen
Ist er gemieden und ungern geseh'n,
Man schlägt ihm wirtschaftlich schwere Wunden,
Nur seine Verwandten sind noch seine Kunden,
Und eifrig rechnend sitzt er zuhaus:
Solang reicht mein Geld, dann ist alles aus.
Doch noch einmal sagt er nach kurzem Gegrübel:
Nur ruhig, nur ruhig; das kleinere Übel.

Und wenn sie ihn morgen durch Straßen jagen,
Mit Steinen werfen, mit Ruten schlagen,
Und wenn sie morgen in wilden Rudeln
Sein Hab ihm nehmen, sein Haus besudeln,
Und wenn sie dann ihm, der schuldlos und gut,
So tun, wie man Übeltätern tut,
Und ihn und die Seinen, auf daß sie verrecken,
Ohne Urteil ins nächste Gefängnis stecken,
Dann fragt vielleicht mit bitterem Hohn
Den todwunden Vater der sterbende Sohn:
Sag, Vater, bist du endlich soweit,
Bereust du nun deine Gutwilligkeit?
Doch dann sagt der Vater nach letztem Gegrübel:
Wer heutzutag stirbt, wählt das kleinere Übel.

Ihr wollt die Moral noch am Ende vom Lied?
Bleibt ruhig und freundlich, was euch auch geschieht,
Und leidet ihr Unrecht, vergeßt nie und nimmer:
Dem und dem dort und dort geht's noch viel, viel, viel schlimmer!
Lest Hiobs Geschichte, sie steht in der Bibel,
Und die Hans im Glücks, sie steht in der Fibel,
Dann sagt ihr bestimmt auch nach kurzem Gegrübel,
Was immer euch zustößt: Das kleinere Übel.

Ich möchte etwas sagen über die Psychologie des Schauspielers. Über siebzig Jahre meines langen Lebens bin ich auf Bühnen gestanden und habe alles erlebt, was einem Schauspieler passieren kann. Glück und Pech, Erfolg und Misserfolg, Freude und Tränen, Mut und Verzweiflung.

Es ist auch die Unmöglichkeit, Menschen, die nichts mit dem Theater zu tun haben, irgendetwas von diesen Zuständen zu erklären. Denn man ist furchtbar einsam, wenn sich das in einem selbst ausbreitet. Man denkt nur: Wie überstehe ich das? Diese Gefühle überfallen einen vor allem bei Premieren. Wo man das zeigen soll, was man wochenlang geprobt hat, wo man viele Entwicklungen durchgemacht, durchgelitten hat, wo man unzählige Male überzeugt war, dass man falsche Wege gegangen ist, und sich nicht vorstellen kann, den richtigen einmal zu finden. Wo man auch vom Regisseur verunsichert wurde, dem die Kenntnis fehlt, in die psychischen Vorgänge des Schauspielers hineinzuschauen, der überzeugt ist, es hat das zu funktionieren, was in seinem Gehirn entstanden ist. Man bemüht sich, ihm zu folgen, aber die Verschiedenheit der Menschen spielt eine große Rolle. Es kommt immer wieder vor, gerade beim Beruf des Regisseurs, dass er nur die Eitelkeit bedient, eine Position zu nützen, die ihn über andere stellt. Leider musste ich immer wieder die Erfahrung machen und mich durchsetzen. Eines habe ich immer wieder erfahren müssen, dass solche Regisseure zu mir sagten: »Ich mach was ganz anderes aus dir. Die Leute sollen dich nicht wiedererkennen.« Um zum Ende der Proben zu sagen: »Ja, jetzt bist du ganz du selbst.«

Es war eine bekannte deutsche Regisseurin, bei der ich mir gedacht habe: »Aha, jetzt lerne ich das sogenannte Regietheater kennen. Ich werde das auch können.« Es hat mich interessiert, wie das wird, ob das wirklich so anders geht. Während der Proben sah ich, dass sie Kollegen ziemlich quält. Und sie zum Beispiel zu einer wunderbaren Schauspielerin, die bei uns angebetet wurde, sagte: »Sie müssen denken, wenn Sie sprechen.« Da hab ich begonnen, sie zu hassen. Und ich wartete noch immer, was dieses Regietheater sein möge. Ich bemühe mich, hart und gerade zu sein in meiner Rolle. Aber es hat mit uns beiden nicht funktioniert.

Knapp vor Ende der Proben fragte ich sie, sie soll mir doch erklären, wie sie möchte, dass ich das spiele. Ihre Antwort war: »Weißt du, ich hab dich einmal im Fernsehen gesehen, im ›Hotel Sacher‹, und da warst du ein so süßes Mädchen – ich hab so gelacht über dich, und ich wünsch mir, dass du das so spielst.«

Ich war fassungslos. War ich wieder einmal ich.

Otti Schenk hat bei einer Fernsehsendung über den Hans Moser, auch er hat in seinen Anfängen Cabaret gespielt, gesagt: »Die größten Schauspieler haben Cabaret gespielt. Die Form des Cabarets verlangt nach großen Schauspielern.«

Es bietet so viele schauspielerische Möglichkeiten. In Verwandlungen. In Charakterisierungen. Ich versuche immer, meinen Schülern weiterzugeben, wie man sich konzentrieren muss, um in eine Figur zu schlüpfen. Das muss vor dem Auftritt passieren, um als der andere Mensch die Bühne zu betreten. Und doch muss das Selbst nicht verdrängt sein. Nur durch mich selber kann der, den ich darstellen soll, zum scheinbaren Leben erweckt werden, ob die Rolle ernsthaft oder ernsthaft heiter ist. Durch mich muss ich sie zum Leben erwecken. Ob die schwierige Figur der Regine in den »Gespenstern« oder der Puck im »Sommernachtstraum«. Jede Figur muss echt sein. Durchdacht sein.

Wie kann ein Waldgeist einen bestimmten Charakter haben? O ja. Wenn ich ihn gefunden hab, dann lebt auch er in einer bestimmten Welt. In der Welt des Verzauberns. Ich muss ihn spüren, dann spürt ihn der Zuschauer auch. Dann ist auch er verzaubert. Daran spürt man den großen Schauspieler. Ich habe Erfahrung. Ich hab den Puck gespielt. In Salzburg Hellbrunn. Im Park. In der Regie von O. F. Schuh. Am Schluss hab ich den Monolog von einem Obelisken gesprochen. Ich war ganz oben. – In den letzten Jahren war ich oft dort. Hab mir die Form des Obelisken angeschaut und konnte mir nicht erklären, wie ich da hinaufgekommen bin. Als Puck scheinbar sehr leicht.

Aber jetzt bin ich wieder zurück im Cabaret. Alles passt auf alles. Ich werde bald auf das jetzige, heutige Cabaret zurückkommen.

Auf den Qualtinger zum Beispiel, der große Schauspieler auf dem Theater und mit der gleichen Art von Verwandlungskunst auf dem Cabaret.

Hat man nicht den gleichen Qualtinger gesehen wie in den »Geschichten aus dem Wienerwald« von Horváth. Übrigens hat mir meine Mutter erzählt, dass der Vater vom Horváth bei uns daheim auf dem Sofa gesessen ist, weil er meinen Vater besucht hat. Das war dann ein heiliger Ort für mich.

Ich hab übrigens in mir eine Eigenschaft. Ich kann so sehr bewundern. Für mich gibt es keinen Neid. Auch nicht im selben Fach. Ich hab zum Beispiel die Inge Konradi verehrt. Ich bewundere einen großen Pianisten wie den Rudi Buchbinder – überhaupt in der Musik große Künstler.

Und die großen Schauspieler meiner Lebenszeit! Sie sind alle tot. Darunter leide ich. Die Alma Seidler, der Hans Moser, der Ewald Balser. Alle, die große klassische Rollen gespielt haben. Diese endlosen schweren Texte beherrscht haben. Dass sie so lange meine Kollegen an diesem Theater waren, ist mir gar nicht in den Sinn gekommen.

Es werden mir in diesen Cabarettexten noch sehr viele begegnen.

Cabaret und Kabarett

Ich weiß nicht, warum man einmal Cabaret und einmal Kabarett sagt. Ich zerbreche mir oft über diesen Unterschied den Kopf. Manche Menschen glauben, es ist egal. Und das glaube ich nicht. Ich habe eine Aufklärung bei Rudolf Weys und Friedrich Torberg gefunden:

»Schon der Name führt zu Streit: Schreiben wir Kabarett oder Cabaret? Da wir Namen und Art aus Frankreich übernommen haben, wäre die originale Schreibweise sicherlich die richtige, gäbe es nicht den gestrengen Duden, dem alle Setzer submissest gehorchen; er schreibt vor: Kabarett, Kabarettier, Kabarettisten. Und wenn man weiß, welch schwere Kämpfe die Wiener Zeitungsmacher durchzustehen hatten, um das schmeichelnde Wort Charme gegen das plumpe, uncharmante Dudenwort Scharm durchzusetzen, wird man sich hüten, des Cabarets wegen einen ähnlichen Krieg zu beginnen. Aber zur rechten Zeit kommt mir ein Gespräch mit Friedrich Torberg in den Sinn: Wir ließen beide Schreibweisen gelten, vorausgesetzt, man unterscheidet Cabaret und Kabarett in ihren Inhalten. Präzise demonstriert Torberg diesen Unterschied in seiner Kritikensammlung »Das fünfte Rad am Wagen« als »zwei verschiedene Arten der gleichen Gattung, wie etwa die Komödie und der Schwank. Womit schon angedeutet ist, dass innerhalb dieses zweifellos willkürlichen Wertungssystems das Cabaret die höhere literarisch anspruchsvollere Form darstellt, das Kabarett hingegen handfestere Unterhaltung.«

Also egal ist es nicht!

Hans Weigel über Rudolf Spitz

Rudolf Spitz ist es mit seinen Texten besonders schlimm ergangen. Ich habe ihn, als ich mich auf diesen Bericht vorbereitete, gebeten, mir Texte zu schicken.

Er verfügt nur über ganz wenige, fragmentarische Manuskripte aus unserer Zeit. Die besten sind verlorengegangen. Er hat die »Stachelbeere« vom bescheidenen Anfang bis zur Blüte und zum jähen Ende als sein Werk gestaltet. Er war ein Bursche von unendlichem Humor, scharf, angriffig, ein genialischer Improvisator, also der ideale Conférencier. Es war eine Freude, mit ihm zusammenzuarbeiten, es war eigentlich gerade mit ihm nie Arbeit, sondern großer, professioneller Spaß. Es hat ihm Freude gemacht (und das ist sehr selten bei Unterhaltern). Er war gebildet und hatte auch viel Sinn für Musik. Unvergeßlich bleibt mir die Nacht, als wir: er, Hans Horwitz und ich, nach der Vorstellung meine Wohnung aufsuchten und mit Hans Horwitz am Klavier unser Opern-Quodlibet entstehen ließen.

Er hat, als die beiden Kabaretts vereint waren, für die »Literatur am Naschmarkt« ein herrliches Chanson »Lotharkie« geschrieben, nachdem Ernst Lothar, bisher Autor und Kritiker, Direktor des Theaters in der Josefstadt geworden war. Zur Auftritts-Cavatine des Figaro von Rossini sang Walter Engel:

Ich bin der neue Direktor der Stadt, ja ich!
La la la, la la la, la la la – la!
Bin gar nicht neu dieser Stadt, dieser Stadt!
Bin ja ein Schriftsteller und rezensiere und inszeniere
   und gratuliere
Mir selbst zum Glück,
Mir selbst zum Glück.
Ha bravo Doktorchen, bravo, bravissimo …

Walter Engel erinnert sich leider nur an diesen Anfang, ich erinnere mich nur noch an die Zeilen:

   … schreib ein Stück
   Und schreib selber die Kritik …

Rudolf Spitz schreibt, er habe alles verdrängt, weil er sich an das Verhalten Ernst Lothars, der als amerikanischer Besatzer nach Wien gekommen war, in einer bestimmten Angelegenheit erinnere.

   Rudolf Spitz hat auch den ziemlich schrecklichen »Sommernachtstraum«-Film Max Reinhardts (von der Firma Warner Brothers produziert) zur Musik des »Sommernachtstraum«-Scherzos und anderer Mendelssohn-Musik besungen. Gertie Sitte war als Puck kostümiert. Im Gedächtnis erhalten haben sich nur ein paar Zeilen:

   … Eulen heulen, Käuzchen wimmern,
   Munter ist der Puck allein.
   Bei des Filmes mattem Flimmern

Stellt kein rechter Geist sich ein.
Trüb und finster Busch und Ginster –
Warner sind's in solcher Nacht ...

Er hat mit Rudolf Weys für die »Stachelbeere« ein Mittelstück geschrieben: »Die Nachfolgestaaten oder Klein, aber mein«: Die einzelnen Wiener Bezirke haben sich selbständig gemacht, man muß bei der Einreise nach Döbling eine Zollkontrolle passieren, zwischen Neubau und Mariahilf ergibt sich ein Grenzzwischenfall ...

Für die »Literatur« schrieb er zwei Mittelstücke, die nicht gespielt wurden: Eine Leo-Reuss-Bilderfolge (von diesem später), angelehnt an den damals erfolgreichen Sacha-Guitry-Film »Le Roman d'un tricheur«, ich habe eine Probe gesehen, und die Stimmung nachher war merkwürdig. Ich glaube nicht, daß irgend jemand in »Literatur am Naschmarkt« antisemitisch war. Aber vielleicht war das Stück dem und jenem zu prononciert philosemitisch. Außerdem ist das, was lustig wirken soll, bei Proben oft gar nicht lustig. Und schließlich war der Film von Guitry ein Außenseiter-Erfolg und beim Publikum nicht unbedingt als bekannt vorauszusetzen, und die Geschichte des Leo Reuss ebensowenig. So wurde denn darauf verzichtet, das Stück zu spielen.

Und ein Stück, das sehr wichtig gewesen wäre, das einen großen Stoff behandelte – oder behandelt hätte –, findet sich zwar in einem Programm, das ich aufbewahrt habe, aber es ist vermutlich nicht einmal bis zur Premiere gediehen. Wir mußten jedes Programm einem Herrn von der

Behörde vorspielen, wir bemühten uns, die kritischen Stellen möglichst zu verharmlosen. Aber ich glaube, daß der Zensor Bedenken hatte, es kann auch sein, daß man Angst vor der eigenen Courage bekam, als die Freimaurer attackiert wurden.

Es war eine gemeinsame Arbeit von Spitz, Weys und mir und hieß »Die bessere Welt«. Wir wollten die Versuche einer totalen Gewalt glossieren, die deutschtümelnde Scharaffia mit ihrem Gruß »Lulu«, die Freimaurer und eine Mischung aus Theosophie und Anthroposophie. Wir ließen einen Patienten aus der psychiatrischen Klinik ausbrechen. Enttäuscht kehrte er in die Klinik zurück.

HANS WEIGEL
Wippchen plädiert!

Frei nach Stettenheim

Hohes Gericht, meine Herren Geschworenen!
Der Volksmund irrt nicht, wenn er sagt: »Müßiggang ist aller Tage Abend«. Im Gegenteil. Hat einer einmal die Flinte ins Korn geworfen, dann kann er ja nicht mehr in die Halme schießen, und der Weg allen Fleisches führt über Canossa nach Damaskus. Diese Erkenntnis, die sich wie ein roter Faden durch das sausende Rad der Geschichte zieht, gilt in verstärktem Maße auch für die Strafprozeßordnung. Ich sage nichts gegen die Milch der frommen Denkungsart, die dem Herrn Staatsanwalt so sehr ans Herz gewachsen ist. Aber auch diese wird nicht so heiß gegessen, auch sie ist manchem zu sauer und kann leicht zu Essig werden. Deshalb werfe ich die Frage auf: »Wollen Sie es zulassen, daß die einen im Schatten ernten, was die anderen im Schweiße ihrer brechenden Augen gesät haben?« Kann das Auge des Gesetzes einen solchen Pesthauch mit Füßen treten? Ja oder nein? Wir können das Fragezeichen, das die Öffentlichkeit uns entgegengeschleudert hat, nicht auf uns sitzen lassen, meine Herren!

Mir wird schamrot vor den Ohren, wenn ich an die Aussagen einiger Zeugen denke. Und während es mir eiskalt über den Rücken läuft, den ich ihnen kehre, haben diese – verzeihen Sie das harte Wort – diese Individuen die Stirne, dieselbe zu runzeln, als hätten sie nicht schon tausend- ja hundertmal mit ihren geilen Fingern den dornenvollen Pfad der Nächstenliebe bespien. Und umgekehrt. Der Herr Staatsanwalt ist allerdings der Ansicht, er habe den Nagel zum Sarg des Angeklagten auf den Kopf getroffen. Ihr Urteil aber, meine Herren Geschworenen, wird ihm aus diesem Nagel einen Strick drehen, an dem er sich die Zähne ausbeißen soll. Der eherne Webstuhl der Zeit lacht über Gerechte und Ungerechte, und der Apfel vom Baum der Erkenntnis ist mit guten Vorsätzen gepflastert, meine Herren. Ich aber sage Ihnen: Besser ein Spatz in der Hand, als ein Floh im Ohr, besser ein Hahn im Korb, als Eulen in Athen.

Doch ich eile zur Sache. Sie haben über einen Mann zu urteilen, den das Damoklesschwert der Fama umstrickt hat. In Kürze werden wir Ihre Meinung schwarz auf weiß zu hören bekommen. Glauben Sie mir: »Man will meinem Mandanten eine Leiche in die Schuhe schieben, an der er so unschuldig ist, wie an einem neugeborenen Kind.« Von Pontius zu Pilatus ist ja nur ein Schritt, meine Herren, und zwischen Scylla und Charybdis liegt der Hund begraben.

Denn warum? Mein Mandant hätte ja das Weite suchen können. Und er hätte es zweifellos auch gefunden. Er aber zog es vor, zu den Brüsten der Justiz zu greifen und ihnen mutig ins Auge zu sehen. Vertrauensvoll klammert er sich an diesen – verzeihen Sie das harte Wort – an diesen Strohhalm, denn er weiß, daß er damit ins Schwarze trifft. Und er nimmt sich kein Blatt vor den Leumund. Im Gegenteil? Lassen Sie ihn nicht im Stich, meine Herren, denn dort ist er verloren. Sehen Sie ihn an: Er wirft ein sanftes Ruhekissen in die Waagschale. Dabei steht er mit einem Fuß im Kriminal und tanzt mit dem anderen auf einem Vulkan. Doch er weiß: Sie werden ihm diese Beine nicht krummnehmen. Denn auf die Dauer können die Rosinen im Kopfe des einen die Butter auf dem Kopfe des anderen nicht verdunkeln. Entlassen Sie daher den Angeklagten mit einem heiteren und einem blauen Auge. Lassen Sie ihn nicht ins graue Haus beißen, machen Sie kurzen und guten Prozeß. Nicht mit dem nüchternen Verstand mögen Sie Ihr Urteil fällen, sondern mit Herz und Nieren. Dann wird der Zahn der Zeit, der alle Tränen trocknet, auch über diese Wunde Gras wachsen lassen, denn es darf nicht wahr werden, daß die Justiz nur Blut lecken will, soweit die deutsche Zunge reicht.

Kabarett-Praktikum

Das Kabarett war mir immer sehr nahe und wichtig.

Auch jetzt in meinem Alter interessiere ich mich für diese Kunst. Für mich ist Wien – ich sehe natürlich alle Darstellungsarten aus der Wien-Perspektive – wie ein Füllhorn, aus dem die gesamte Kunst herausströmt. Das ist freilich ein größenwahnsinniger Gedanke, aber ich hab schon so vieles in dieser Hinsicht erlebt. Wenn ich woanders herrliche Eindrücke gesammelt habe, meine Gedanken: Im Grund kommt das aus Wien. Oder mit Kollegen aus anderen Städten im Theater oder im Konzert Gespräche geführt hab, sie alle haben sich gewünscht, in dieser Stadt zu spielen, zu singen, ihre Komik zu zeigen. Ja, ich verstehe das.

Meine Stadt musiziert sich ins Herz. Natürlich haben das der Johann Strauß, der Schubert, der Ziehrer, der Beethoven und und und so viele zu verantworten. Aber warum ist das nicht auch ein Inhalt unserer Zeit? Es ist halt eine Zeit des Aufbruchs in eine Veränderung, in die sogenannte »Moderne«. Obwohl ich da auch schon so oft Kompositionen gehört hab, die mich ins Herz getroffen haben. Aber die nicht Popularität erreichen können, und ich weiß nicht, ob die Menschen nach uns wirklich keine Melodien mehr brauchen werden.

Es ist für uns Schauspieler schwer, immer nur mit Text die Stunden eines Schauspiels mit unseren inneren und äußeren Kräften, mit unseren Energien zu füllen, ohne dass man diese Vorgänge bemerkt.

Wenn man in diese Zeit der Dreißigerjahre in Wien eintaucht und sich mit dieser Zeit des satirischen Ausdrucks beschäftigt, kommt man in Versuchung, alles andere zu vergessen. Es war die Zeit von Jura Soyfer, Karl Kraus, Fritz Grünbaum, Peter Hammerschlag, Lothar Metzl, Rudolf Spitz und Hans Weigel, von Komponisten wie Jimmy Berg, Hans Horwitz und Fritz Spielmann, und es war die Zeit von so vielen genialen Autoren und Musikern, von denen man kaum mehr etwas weiß, die emigrieren mussten oder im KZ umgekommen sind.

Hier war so viel Geist, Witz, Mut und hohe Intelligenz, und hinter den Pointen waren politische Blitzschläge versteckt.

Man wird von einer Fülle von Material erfasst, das man nicht mehr erfassen kann, und es erscheint fast unmöglich, sich für eine Auswahl zu entscheiden. Man bezeichnete die »Literatur am Naschmarkt« als das »Burgtheater unter den Kleinkunstbühnen«, das »ABC« hätte man das »Volkstheater unter den Kleinkunstbühnen« nennen können. Der »Liebe Augustin« im Café Prückel war das älteste Kabarett Österreichs und wurde von Stella Kadmon gegründet. In der »Stachelbeere« arbeitete man mit Stacheln und Spitzen, so hieß auch unser Programm.

JURA SOYFER UND HANS WEIGEL
Schwejk-Conference

Begrüssung

Ich bin nämlich der Schwejk. Sie wern mich eh kennen. Ich bin derjenige, wegen dem seinerzeit die Österreichisch-Ungarische Monarchie den Weltkrieg verloren hat, weil ich nämlich alle Befehle von die Generäle ganz genau befolgt hab. Die Leut habn mich gebeten, ich soll heit hier so bissel Geschichten erzählen, traurige womeglich, damit sie was zum Lachen habn. Der Herr Direktor hat zwar erst gmeint, der Schwejk is unaktuell, weil der is eine Gestalt aus der Vorkriegs- und Kriegszeit – No bitte: In einer Vorkriegszeit lebn wir doch jetzt, und wegen dem Krieg, wegen dem nächsten, brauchen S' Ihnen keine Sorgen machen, den wern wir noch alle in bester Gesundheit erleben, dafür wern die maßgeblichen Herren schon sorgen. Nur, wann daß er kommt, das weiß man noch nicht. Soviel is aber sicher, daß nicht vorm nächsten Mittwoch, weil bis dahin is der Fasching. Das is a schöne Zeit, der Fasching, und lustig. Jedes Volk hat da so seine eigenen Gepflogenheiten. In Deitschland zum Beispiel is jetzt auch großer Faschingsrummel, wird alles kostümiert: Bombenflugzeuge als Sportflugzeuge, Handgranaten als Schmiervasen, Kriegsreden als Friedensreden, nationalsozialistische Parteisitzungen als Reichstagssitzungen, Erpressungen als Reichstagswahlen; frisieren tun s' die Bilanzen, schön aufputzen die Arbeitslosenziffern. – Aber der Gschnas hat mich nicht recht gfreut. Hab ich mir gedacht: Für mich passert eher eine echt österreichische Veranstaltung, und war ich neulich beim Lumpenball. Da warn die Leute auch sehr schön kostümiert; allerdings dort warn auch paar deutsche Nazi, aber die warn kostümiert, als Menschen, nicht zum Erkennen; a paar Heimwehrleut als Strolche, die habn sich nicht viel zu ändern brauchen; einer hätt kommen sollen als Ständeverfassung; Sie, auf den war ich schon neugierig, wie er ausschaun wird; jeden Moment hatt's gheißen, er kommt, immer hat er sich ansagen lassen, aber er is nicht und nicht gekommen; habn s' schließlich gsagt, bis am 1. April wird er dann da sein. Dann war eine originelle Gruppe, drei oder vier Manderln, die habn sich genannt »Überwiegende Mehrheit der bodenständigen Bevölkerung« – und eine andere Gruppe, die war schon größer und hat gheißen »Aus der Kriminalistik«: Da war einer als Strafmilderungsgrund, der hat a rote Nelken getragen; einer hat immer gerufen: »Ich entzieh Ihnen das Wort«, der war als Oberreichsanwalt; eine zaundürre Person is auch mitgegangen, die war als verschärftes vierteljährliches hartes Lager. Aber am besten hat's einer getroffen, der war nämlich als Oberkellner kostümiert und hat die ganze Zeit gerufen: »Zahlen gewünscht!« Sie, der hat Ihnen gute Geschäfte gmacht. Viel gesungen is worden, lustige Lieder: »Ich hatt einen Kameraden« und »Morgenrot, Morgenrot« und dann vaterländische Kriegslieder – »Verlassen bin i« und »Die Tiroler sind lustig, die Tiroler sind froh«. Aber heut hab ich grad einen Herrn Lönner getroffen, der hat gsagt, er kann noch schöner singen; hab ich ihm gesagt, er soll jetzt auftreten und zeigen, was er kann.

Schwejk-Szene

Jetzt kommt ein eigenes Kriegserlebnis von mir, aus dem großen Krieg. Aber haben S' keine Angst, das ist nicht Verbreitung beunruhigender Gerüchte. Ich mein selbstverständlich nicht den mit Recht so beliebten kommenden Krieg, sondern den schon allgemein vergessenen vergangenen, den sogenannten Weltkrieg.

Neulich hab ich träumt, ich bin gestorben. No, da hab ich natürlich eine Mordsfreud gehabt und war schon neugierig, was mir da jetzt alles passieren wird. Mein Leichnam is gleich in die Anatomie gekommen. Hab ich mir gedacht: Das is fein, da kommst du in Spiritus, den kannst du dann aussaufen, aber diese Kerle habn mich in einen ungemütlichen Eiskeller gelegt. Dort war's stier. Auch keine gute Gesellschaft, nur ein Lustmörder war dort, ein gewisser Wosazek aus Pisek, der hat ganz interessant erzählt. Also ich ärger mich sehr und denk mir, denen Leiten wer ich's zeigen. Nach paar Wochen bringen sie mich richtig in Seziersaal. Ein Professor kommt und fangt an zum Erklären. Sie, den hab ich gut gehäkelt. Ich hab schnell meine ganzen Innerein in Unordnung gebracht und hab mir gedacht: So, jetzt erklär den Studenten! Angefangen hat's mit der Niere; überall hat er sie gesucht und hat und hat sie nicht finden können. Schließlich hat er gesagt, ich hab wahrscheinlich eine Wanderniere. Schwerer hat er's schon bei der Milz gehabt, die hab ich nämlich auch verkummen lassen. Die hat er auch überall vergeblich gesucht. Schließlich sagt er, ich hab Milzbrand gehabt, dabei ist sie wahrscheinlich ganz verbrannt. Unterdem war aber meine Seele längst im Himmel. Auf den Himmel hab ich mich schon gfreut ghabt, hab mir gedacht, dort wird's eine Hetz geben, und ich wer endlich Ruh haben. Da hab ich mich aber schön angeschmiert. Angefangen hat's damit, daß ich dem hl. Petrus hab müssen beim Himmelstor ein Sperrgeld zahlen, weil es war schon nach zehn. Dann haben s' mich gleich zum Dienst eingeteilt, als Engels-Flügelcharge. In der Milchstraße hab ich die ganze Nacht patrouillieren müssen, weil in der Zeit sind so viele Kometen geplatzt. Dort war so ein kleiner Engel ...(bert), der hat wollen alle gutgesinnten Himmelständigen zusammenschließen, no und ein paar haben sich auch einfangen lassen, aber nur ganz wenige. Mich hat's im Himmel immer weniger gfreut. Wo man einen Stern gsehn hat, hat man salutieren müssen. Mit den Kometenschwanzlern hab ich mich nicht vertragen, die habn einen Sonnensystemwechsel einführen wollen, und jeden Moment haben s' einen Aufmarsch aufm Saturnring veranstaltet. Wie ich schließlich bissl angebandelt hab mit einem Sowjetstern, bin ich ganz unbeliebt geworden. Hab ich mir gedacht: A was, wach ich lieber auf, is eh nur ein Traum, nächstens träum ich lieber von der Hölle, dort is sicher gemütlicher.

Wenn ich einmal mein ganzes Leben beschreiben sollte! So auf einmal! Die wichtigsten Erlebnisse und Schläge. Ich meine die vom Schicksal – die habe ich schon beschrieben, in verschiedenen Büchern. Und die kann ich nicht wiederholen. Ich kann mir nicht solche Schmerzen zufügen. Ich will aber von Dingen, die meinen Beruf betreffen, reden, schreiben, erinnern, berichten. Da gibt es aber vieles, das ebenso schmerzhaft ist, aber auch glücklich macht – beides zugleich. Freude über Gelungenes, nicht Lustiges, ich meine das, das mich beglückt hat, das mir gelungen ist.

Ich durfte so vieles spielen in meinen Anfängen am Burgtheater und dann fast mein Leben lang. Ich hatte zwei »Zuhause«, meine Wohnung in meiner geliebten Stadt Wien und mein »Zuhause-Theater«, das Theater in der Josefstadt, mit seinem »Tochter-Theater«, den Kammerspielen, alle in meiner Stadt Wien, wo ich ständig gespielt hab.

Das war doch ein Glück! In einer Serie war ich ein Schnitzlermädel im »Anatol« in der »Josefstadt« – nach meiner Szene schnell in ein wartendes Auto – in die Kammerspiele, im Auto umziehen, schminken, dort ankommen, sofort auf die Bühne, um den »Mustergatten« zu spielen. Da hat mein Schauspielerherz höher geschlagen! Eine klassische Schauspieleraufregung: Schweißausbruch, Kälte, Magenschmerzen, Bauchweh und die Folgen, plötzliche Heiserkeit, ich kann keinen Ton herausbringen. – Jetzt bin ich auf der Bühne und kann (wieso?) normal sprechen! – Alle fürchterlichen Beschwerden sind weg. Ich muss gar nicht ins Spital – die Leute da unten lachen, nur weil ich gesagt hab »oh ja, ich komm' gleich« – das war komisch?

No ja, wird schon so sein. Ich fühl' mich plötzlich so leicht. Ich nehme eine Kaffeetasse und strecke den kleinen Finger weg – Applaus – jetzt hab ich Lust zu spielen – was für ein wunderbarer Beruf!

HANS WEIGEL

Der Mann im Durchschnitt

Tragische Szene

CONFÉRENCIER: Meine Damen und Herren, ein Programm für ein Etablissement wie das unsere zusammenzustellen, das ist nicht so einfach. Es gibt eine Menge von Witzen, Situationen, Refrains, die uns Leuten vom Bau sehr gut gefallen, aber wir tragen oft Bedenken, sie zu bringen. Unsere Hauptsorge ist: Wird es auch dem Durchschnittshörer gefallen, wird es auch der Durchschnittshörer verstehen? Dieser Durchschnittshörer ist für uns die wichtigste Persönlichkeit, aber gerade ihn haben wir noch nie zu Gesicht bekommen. Wir würden ihn so gerne ein einziges Mal nach seinem Geschmack fragen, das würde unsere ganze Arbeit wesentlich erleichtern. Denn wenn wir ihn als Publikum gewinnen, dann könnten wir auf das sogenannte Intelligenzpublikum leichten Herzens verzichten, sogar auf die Verwandten und Bekannten der Darsteller und Autoren. Und deshalb richte ich hier jeden Abend, aber bisher leider vergeblich, die Frage an das Publikum: Ist vielleicht heute der Durchschnittshörer unter Ihnen?

EIN SCHAUSPIELER *(der an dem Abend noch nicht aufgetreten, dem Publikum also unbekannt ist, hat sich, an einem Tisch im Publikum sitzend, bereits während der Conférence bemerkbar gemacht, der Conférencier wird nun erneut auf ihn aufmerksam).*

CONFÉRENCIER: Bitte, vielleicht Sie? Kommen Sie doch etwas näher. *(In die Kulisse)* Licht im Saal!

SCHAUSPIELER *(begibt sich, nach einigem Protest, auf die Bühne).*

CONFÉRENCIER: Ich freue mich sehr, Sie begrüßen zu dürfen. Sie werden so freundlich sein, mir einige Fragen zu beantworten. *(Ruft in die Kulisse)* Hallo, bitte, ruft einige Morgenblätter an, daß bei uns heute abend der Mann im Durchschnitt aufgetaucht ist. – Wollen Sie mir bitte zunächst sagen, wie Sie herkommen. Haben Sie Kritiken gelesen, oder hat ein Bekannter Sie herempfohlen?

MANN: Nein, ich hab' nicht gewußt, daß da gespielt wird. Ich hab' geglaubt, das gehört noch zum Kaffeehaus.

CONFÉRENCIER: Darf ich Sie bitten, mir folgendes zu sagen: Wofür interessieren Sie sich?

MANN: Für Essen, für Damen und für Sport.

CONFÉRENCIER: Für Kunst nicht?

MANN: Nein!

CONFÉRENCIER: Waren Sie in letzter Zeit öfter im Theater, in der Oper, im Konzert?

MANN: Beim »Weißen Rößl« war ich.

CONFÉRENCIER: Hören Sie: Wir haben bei unserer letzten Programmbesprechung eine lebhafte Debatte gehabt. Was meinen Sie? Ist Kästner schon überholt?

MANN: Wer?

CONFÉRENCIER: Kästner! Sie kennen Kästner nicht? Was lesen Sie eigentlich?

MANN: Die Kronenzeitung und das Sporttagblatt.

CONFÉRENCIER: Aber Sie haben einen Radioapparat? – Was hören Sie da gerne?

MANN: Ich hör' überhaupt nicht zu. Nur manchmal am Abend dreht's meine Schwester auf, wenn Tanzmusik ist.

CONFÉRENCIER *(einigermaßen ratlos):* Also, schauen Sie, ich möchte da mit Ihnen über unser Kabarett reden, vielleicht können Sie mir einen Rat geben ... Was würde Sie veranlassen, in so ein Lokal zu gehen?

MANN: Wenn ein Bekannter mitspielt, oder wenn ich Freikarten krieg'.

CONFÉRENCIER: Waren Sie je in einem Kabarett?

MANN: Nein ... das heißt: doch, einmal vor Jahren.

CONFÉRENCIER: Erinnern Sie sich noch, was Ihnen damals am besten gefallen hat?

MANN: Nein ... das heißt: Moment ... o ja. *(Lacht.)* Einer hat dem anderen eine Ohrfeige gegeben, und *(lacht stärker, fast beseligt)* dann hat einer das Götz-zitat gesagt.

CONFÉRENCIER *(hat Notizen gemacht):* Ich möchte Ihnen jetzt etwas erklären, ja? Es gibt im Prinzip zwei Arten von Kabarett. Das gute, alte, bürgerliche, das uns schon etwas veraltet erscheint. In so einem waren Sie damals wahrscheinlich. Da sind Tänzer, Akrobaten, Clowns, da werden Chansons gesungen, von einem Mann, dem sein Überzieher gestohlen wird, und von einer Frau, die sich alles zum Anziehen billig verschafft, aber zum Schluß doch sehr viel Geld ausgibt, da werden Sketches gespielt, in denen immer wieder eine Frau ihren Mann betrügt und umgekehrt. Und zwischendurch kommt ein Conférencier vor den Vorhang und erzählt jüdische Witze. – Die andere Art von Kabarett, wie wir uns sie vorstellen, die sogenannte Kleinkunstbühne, die ist mehr literarisch, ein wenig intellektuell. Wir wollen aktuell sein, geistreich, satirisch, parodistisch. Hätte Ihnen zum Beispiel eine Parodie Spaß gemacht, die sich über das »Weiße Rößl« lustig macht?

MANN: Nein! Mir hat das »Weiße Rößl« ja sehr gut gefallen.

CONFÉRENCIER: Oder Psychoanalyse? Wissen Sie, was das ist?

MANN: Nein.

CONFÉRENCIER: Im nächsten Programm wollen wir folgendes bringen: Irgendein banaler Vorgang, zum Beispiel »Ein Kind kommt zu spät in die Schule« oder »Ein Mann wechselt einem anderen zehn Schilling« variiert, erst als Oper von Mozart, dann von Wagner oder Verdi, dann als Volksstück, als soziales Tendenzstück, als Operette und so weiter. Nun?

MANN *(zuckt verständnislos die Achseln).*

CONFÉRENCIER: Ferner haben wir folgende Idee für ein Chanson: Refrain »Und so was nennt sich Neuzeit«. Da soll in einigen Strophen gezeigt werden, wie grausam und böse es überall auf der Welt zugeht und daß wir gar keinen Grund haben, auf unsere glorreiche Zeit besonders stolz zu sein.

MANN: Daß wir in einer dreckigen Zeit leben, das weiß ich schon, dazu brauch' ich Sie doch nicht.

CONFÉRENCIER: Ja, aber um Himmels willen, was möchten Sie denn gerne hören? Man kann doch nicht den ganzen Abend lang das Götzzitat wiederholen!

MANN *(nach angestrengtem Nachdenken):* Vielleicht den Donauwalzer von Strauß, oder was von Lehár.

CONFÉRENCIER: Nun, ich sehe, ich habe mir von einer Unterredung mit Ihnen zu viel versprochen. Wir können auch in Zukunft nicht mit Ihnen rechnen und bleiben leider weiter auf das Intelligenzpublikum angewiesen. Eine Frage noch? Wenn Sie die Wahl hätten zwischen einem guten, alten, bürgerlichen Kabarett und einer modernen Kleinkunstbühne, was würden Sie vorziehen?

(Es klopft.)

EIN HERR *(tritt auf):* Verzeihung, ich habe gehört, daß hier der Mann im Durchschnitt aufgetaucht ist. Stimmt das? Ich komme vom Bundesamt für Statistik. Der Mann muß sofort verschwinden! Denn wenn man den Mann im Durchschnitt bei der Hand hat und an ihm persönlich alles beobachten und messen kann, dann wird ja die Statistik überflüssig, dann können wir ja unser ganzes Amt zusperren! Das muß verhindert werden. Ist es dieser Herr? *(Conféren-*

cier nickt, der Herr zieht einen Revolver und schießt auf den Mann im Durchschnitt.)

CONFÉRENCIER *(beugt sich über den Sterbenden):* Eine Frage beantworten Sie mir noch, ich beschwöre Sie! Wenn Sie die Wahl haben zwischen einem bürgerlichen und einem literarischen Kabarett, wohin gehen Sie dann?

MANN *(mit brechender Stimme):* Ins Kino!

(Er stirbt.)

Cilli!

Ernst Waldbrunn zeigte im kleinen Haus der »Josefstadt« einen Abend mit seinen Szenen: eine Toto-Nummer, ein Hotel-Portier, ein Feuerwehrmann, der mit sich selbst Schach spielt, lustige Szenen, von ihm geschrieben, die das Publikum lachen und weinen ließen. Der zweite Teil nach der Pause war Cilli Wang. Er spielte seine Szenen im Lauf der Zeit an den verschiedensten Orten. Sein Requisit war ein kleines Tascherl aus meiner Volksschulzeit, mit dem Telefon in seinem Inneren.

Dieses Programm lief, glaube ich, drei bis vier Wochen. Und ich war immer dabei. Oben in einer Loge war immer mein Platz. Ich war glücklich. Glücklich, Ernst zu sehen.

Aber mein zweites oder erstes Ziel war Cilli Wang.

Sie spielte mit ihren von ihr verfertigten Figuren, die in ihren Händen zu leben begannen. Die waren in Lebensgröße.

Viele Monate danach hatte ich Proben für ein Programm mit Maxi Böhm als Partner. Es war ein Abend mit kabarettistischen Nummern. Mein großer Wunsch war – aber ich glaubte nicht, dass der in Erfüllung gehen könnte! Ich fragte Cilli Wang, ob sie mir die beiden »Artisten« geben würde. Geben? Borgen. Ich gebe sie nachher gleich zurück.

Sie sagte »Ja«, und wir begannen sofort mit der Arbeit. Diese Zeit ist mir unvergesslich.

Cilli war so streng mit mir, dass ich mich vor jeder Probe ein bissl fürchtete. Ich nahm die Arbeit ja ernst, aber für Cilli immer noch zu wenig. »Nein, so geht das nicht« musste ich immer wieder hören. Es war eine lange Zeit, bis die beiden Artisten wirklich turnten, jeder Handgriff musste genau eingehalten sein. Zuletzt war ich glücklich, dass das Publikum jauchzte als ich Cilli Wang kopieren konnte. Der Obere zum Unteren mit Trommelwirbel: Hallo Maxxxiii! Dann der Sprung, und die beiden turnten, wie ich es wollte. Vom Publikum aus gesehen, hatte der Obere meinen Kopf und mein Gesicht mit einem Körper vom Maxxxiii! Danke Cilli! Es war ein Höhepunkt in meiner Karriere.

Einmal durfte ich sie besuchen. Mein Herz raste vor Aufregung. Cilli: »Komm, ich zeig dir was, was ich sonst niemandem zeigen würde.«

Wir gingen ins Stiegenhaus. Sie sperrte eine Eisentüre auf, durch die wir in einen Raum gingen, der mich erschrecken und jubeln ließ. Es starrten mich die lebensgroßen Puppen, die abends die Bühne bevölkerten, von allen Seiten an. Diese Begegnung ist nicht zu beschreiben.

Ernst Waldbrunn

Ernst Waldbrunn war der erste Mensch, den ich geheiratet habe. Oder vielmehr er mich. Er gehört natürlich in die vorderste Reihe dieses Buches. Als Kabarettist habe ich ihn kennengelernt. Seine täglichen Auftritte waren oft abends. Ein Stück im Theater in der Josefstadt, anschließend das »Simpl«, es war das Zentrum des Kabaretts. Sein Auftritt, auf den die Leute gewartet haben, war die Doppelconférence mit Karl Farkas. Da war jeder Satz eine Pointe. Er hatte also ein total ausgefülltes Schauspielerleben. Und dieses hat bei ihm nie aufgehört. Er spielte in seinem privaten Leben immer weiter. Es waren von ihm ausgedachte Geschehnisse, die seine Umgebung, also uns – meine Mami und mich –, immer überraschten. Wir reagierten beide natürlich immer auf die Privatszenen und waren meistens sehr amüsiert. Er hat mich sehr verwöhnt. Es war nur (ich schreibe das alles im Nachblick) für ein junges weibliches Wesen oft schwer zu nehmen. Und das war ich. Ich hing sehr an ihm, ich glaube, es war eine wirkliche Liebe zwischen uns.

Er hat viel geschrieben. Gute Texte, Solostücke für sich selbst, mit denen er immer auf der Tour war. Manchmal durfte ich seine Partnerin sein. Es ist für uns Schauspieler meist unmöglich, nach unserem

Tod am Leben zu bleiben. Die meisten verschwinden, und niemand denkt mehr an sie. Das ist bei Ernst nicht der Fall. Ich sehe ihn immer wieder im Fernsehen – es tut mir weh, aber ich sehe, wie großartig er war. Und vom Publikum geliebt. Nach vielen Jahren – ich glaube, es waren 14 – haben wir uns getrennt. Ich habe einen Freund von ihm näher kennengelernt, der so viel wusste, in allen Bereichen, und das hat mich angezogen: Hans Weigel. Ich verbrachte mit ihm mein künftiges Leben, das so reich an Wissen geworden ist. Ich finde jetzt so oft Manuskripte, wo Weigel der Autor und Waldbrunn der Interpret war. Leider hat es keiner dem anderen verziehen, und das war sehr schlecht für mich.

Ernst Waldbrunn war, wie man so rasch sagt, ein Komiker. Aber er war ein wunderbarer tragischer Schauspieler. Sein *Jakobowski* war eine herrliche Figur. So mochte ich ihn viel lieber. Ich hatte meine Zeit – es waren fünfeinhalb Jahre am Burgtheater – hinter mir, spielte in Graz, wo alles in einer Gallenoperation endete. Ich werde nie vergessen, wie er in mein Zimmer kam, wo ich nach der Operation gelegen bin, und ich so über ihn lachen musste, dass fast alles wieder aufgeplatzt wäre. Er hatte seine Eigenheiten, zum Beispiel waren wir miteinander auf Urlaub, und seine Spaziergänge mit mir haben nur auf Autostraßen stattgefunden. Er hat unsere Spielkarten mitgenommen, und wir haben in jedem Hotel sofort miteinander Schnapsen gespielt. Es war also immer »etwas los«.

Wenn ich an sein Ende denke, weiß ich gar nichts zu sagen. Es war so schrecklich, wie man es sich kaum ausdenken kann. Ich war fast bis zum letzten Ende bei ihm.

ERNST WALDBRUNN
Hier spricht der Portier

Franz Leopold, die Koffer von Nummer hundertsiebenundzwanzig runterbringen – bestellts ein Tasi – sagts dem Chauffeur, er kann ruhig einen kleinen Umweg machen – die Herrschaften sind Ausländer.

(Während er die Wählscheibe des Telefons in Bewegung setzt:)
Ich muß mir doch einmal die Zierlich – hallo, Fräulein Zierlich – hier spricht der Portier – Fräulein Zierlich, hat's Ihnen das Stubenmädel schon gesagt? Sie hat's Ihnen noch nicht gesagt? Dann sag's ich Ihnen. Sie müssen leider mit Ihrem Hund ausziehen aus dem Hotel. Der Chef duldet keine Hunde im Hotel. – Es tut mir leid, ich bin nur ein Angestellter – einen Augenblick, ich hab einen Gast hier – ich ruf' Sie später noch einmal an.

(Er legt auf und wendet sich mit gemessener Höflichkeit einem Hotelgast zu.)
Womit kann ich dienen, mein Herr? – Einbettzimmer? – Einen Augenblick! – Ich glaube, das wird zu machen sein. Darf ich um Ihren werten Namen bitten? – Herr Hecht? Ich bitte sehr. – Haben Herr Hecht besondere Wünsche? – Keine? Das ist mir recht, Herr Hecht. Wünschen Herr Hecht ein Zimmer mit fließendem Wasser? – Nein? Ah so, Sie *heißen* nur Hecht!

Zimmer zweiundachtzig, wenn ich bitten darf – die Anmeldung machen wir dann später. – Leopold, den Koffer von Herrn Hecht auf zwoundachtzig!
(Er verbeugt sich mit der gleichgebliebenen gemessenen Höflichkeit. Und weil er es ja versprochen hat, wählt er sich wieder die Zierlich.)
Hallo, Fräulein Zierlich, hier spricht noch einmal der Portier. Ich habe mir Ihren Hund durch den Kopf gehen lassen – er ist leider für uns nicht tragbar. Wie sind Sie denn mit dem Viech an mir vorbeigekommen? – Im Tascherl haben Sie ihn gehabt? Aha, ein kleiner Hund. – Ein Zwergpudel? – Lieb. Ein Zwergpudel ist lieb. Aber leider, der Chef duldet nicht das kleinste bisserl Hund im Hotel. Er hat nämlich selber einen. Seine Frau ist ein Dackel – *hat* einen Dackel! Verzeihen Sie, ich hab' einen Gast hier – wir können uns ja später noch einmal in Sachen Hund unterhalten. Auf Wiederhören, *Fräulein Zierlich.*
(Er legt auf und wendet sich wiederum einem Gast zu. Es scheint sich – so kann man aus der wohl nicht devoten, aber doch ziemlich tiefen Verbeugung schließen – um einen besseren Gast zu handeln.)
Womit kann ich dienen, Herr Generaldirektor? – Einen Tisch in der Edenbar? – Für fünf Personen? – Oh je, das wird schwer sein. Das hätten der Herr Generaldirektor mir schon gestern sagen sollen. Aber ich werde es selbstverständlich versuchen. Bitte? *Bitte?* Er soll im Schatten sein?! – Verzeihen, Herr Generaldirektor, aber in der *Nacht*? In der Edenbar? Im Schatten? –

Ah so, es wird mein *Schaden* nicht sein! Ein kleines Mißverständnis, Herr Generaldirektor. Je nun, ich werde mein Möglichstes tun! Und für morgen habe ich den Flug nach Tokio für Sie gebucht, Herr Generaldirektor. *Selbstverständlich* bei der SAS, *selbstverständlich!*

(Die Schlußverbeugung fällt noch etwas tiefer aus: ein Augenblinzeln des Generaldirektors scheint ihm eine größere Belohnung in Aussicht gestellt zu haben. Aus dieser angenehmen Erwartung reißt ihn das Läuten des Telephons.)

Hallo, hier Hotel Meranerhof, Portier. – Nein, wohnt nicht bei uns. Nein, ein gewisser Fisch wohnt nicht bei uns. – Entschuldigen Sie, ich muß es ja wissen, ich bin schließlich der Portier. *Halt!* Einen Augenblick! Einen Hecht haben wir gerade gekriegt. Zimmer zwoundachtzig. Soll ich ihn …

(Das Gespräch wurde scheinbar am anderen Ende des Drahtes unterbrochen.)

Küß, die Hand, gnädige Frau! Meine Verehrung, der Herr! Womit kann ich dienen? Ein Doppelzimmer? – Einen Moment, ich glaube, das wird zu machen sein.

(Er beugt sich – »Instinkt ist Alles« – über sein Pult.)

Haben die Herrschaften kein Gepäck? – *Nicht?!* Nur *für ein paar Stunden?!* Ja, da bin ich – wir sind ein sehr vornehmes Haus – da bin ich leider. Da bin ich leider.

(Unabsichtlich natürlich – das muß hier ausdrücklich betont werden, um kein Mißverständnis auftauchen zu lassen – ganz unabsichtlich bleibt bei den diversen »Lei-

ders« seine rechte Hand, mit der Innenfläche nach oben wie gebannt in der Luft liegen. Seine nächste Reaktion beweist, daß dieses nicht umsonst geschehen ist.)

Aber ich werde natürlich schauen, ob ich nicht ausnahmsweise etwas für Sie tun kann. – Nehmen die Herrschaften vielleicht Zimmer elf, gleich im ersten Stock, damit die Herrschaften keine Zeit *verlieren! Alles Gute!*

(Und während der sich noch verträumt der Erkenntnis hingibt, daß eine gute Tat immer belohnt wird, läutet das Telephon.)

Hallo, hier Hotel Meranerhof, Portier. – Sanatorium Engel?

(Seine Stimmlage, seine Haltung und sein Blick – alles verändert sich mit einem Schlag. Der Herr Portier spricht privat.)

Ja, ich bin selber am Apparat. – *In ein paar Stunden wird es soweit sein?* – Fräulein Ober, Herr Schwester – Frau Oberschwester – *bitte,* geben Sie mir gut acht auf meine Frau, sie ist ja so zart und es ist das erste Mal. Und sagen Sie dem Herrn Doktor, wenn sie weint, dann soll er ihr einen neuen Hut versprechen – da lacht sie dann gleich wieder! – Und – *bitte* – ich weiß ja nicht, ob's nicht schon zu spät ist: mein erster Bub soll ein Kind sein! Ich wünsch' mir so einen Buben! Ich weiß nicht, ob Sie mir das noch richten können – aber ich täte mich revanchieren, wenn Sie einmal ein Doppelzimmer – und rufen Sie, bitte, gleich an, wenn es da ist! *Bitte!* – Danke.

(In ein paar Stunden wird es soweit sein. In ein paar Stunden wird es soweit sein. Alles an ihm, alles um ihn herum, ist von diesem einen Satz erfüllt. Er wählt eine Nummer.)

Hallo, Ferdinand, hier spricht Julius. Ich kann heute leider nicht zum Kegeln kommen. In ein paar Stunden werde ich Mutter – Vater! Ferdinand, halt mir die Daumen, daß es ein Bub wird! Ich hätt' so gern einen Buben! Ludwig soll er heißen wie der Beethoven. Und komponieren soll er – wie der Beethoven! Halt mir die Daumen, Ferdinand. Und sag' allen anderen auch, sie sollen mir die Daumen halten! – Ich weiß, Daumenhalten ist beim Kegeln nicht einfach. Aber es ist doch ein Ausnahmefall. Und wenn er rechtzeitig kommt, der Ludwig, komm' ich vielleicht doch noch und bring ihn gleich mit. Zum Zeigen! Servus Ferdinand!

(Er legt auf. Er hebt ab. Sinnlos. Er hebt auf. Und wieder ab. Das läßt sich das Telephon nicht gefallen und läutet von selber.)

Hallo, hier Hotel Meranerhof, Portier! Alles besetzt.

(Er legt auf.)

Ich hab' jetzt andere Sorgen.

(Das Telephon jedoch ist hartnäckig.)

Hallo, hier Hotel Meranerhof, Portier! Sanatorium Engel? – *Ist schon da?* – Das ist gschwind gangen! Frau Generaldirektor: *ist es ein Bube?* – *Es ist* ein Bube! – Danke, danke, Frau Bundeskanzler! – Pardon! Schwester! Schwester? Wie schaut er aus? Schaut er mir ähnlich? – Ah so, Sie kennen mich ja nicht. Ich bin so ein

Langer und *da* hab' ich schon wenig Haare. *Da* – Sie sehen's nicht! Er ist ein Kleiner? Das macht nichts! Der wachst sicher noch aus! – Und Haare hat er auch schon? Ein ganzes Schüppel? – Wie ein kleiner Pudel? Schwester, was spricht er? – Noch nix? Macht nix! Er ist halt mehr ein Denker. – Schwester, sagen Sie meiner lieben Frau, ich lasse mich bei ihr bedanken, und wie ich da fertig bin, komme ich sofort zu ihr. Und eine Empfehlung an meinen Pudel! – Servus, Schwester!

(Er ist sehr glücklich.)

Ist schon da! Ludwig soll er heißen und ein Musiker soll er werden und Haare hat er auch schon. Wie ein kleiner Pudel. Wie ein lieber kleiner Pudel – Pudel – Pudel ...

(Und blitzschnell klingelt er die Zierlich an.)

Hallo Fräulein Zierlich, hier spricht der Portier. Bleiben Sie mit ihrem Pudel im Hotel. Bleiben S' da! Auf *meine* Verantwortung! *Ein Pudel ist auch ein Mensch!* Und wenn Sie was für ihn brauchen: wenden Sie sich nur an mich! Ich hab' ja schließlich auch einen. Nix zu danken. Servus, Zierlich!

(Er legt auf. Er ist zufrieden mit sich und der Welt. Es stört ihn nicht einmal besonders, daß ihn wieder das Telephon stört.)

Hallo, hier Hotel Meranerhof, Portier. – Detektivbüro Argus? Bitte sehr, Herr Argus, womit kann ich dienen – Wohnt bei uns. Jawohl, der Baron Saldern wohnt bei uns. Ein sehr vornehmer Gast. Ein Kavalier vom Scheitel bis zur – *was Sie nicht sagen?* Ein Betrüger? Das hätt' ich ihm nicht angeblickt. Er hat immer einen so geschätzten Eindruck gemacht. Jawohl. Er ist zur Zeit im Haus. Sie kommen sofort her? Sie können sich auf mich verlassen, Herr Argus. Ich werde dafür Sorge tragen, daß er das Haus nicht verläßt. Nur über meine Leiche! – Herr Argus, wie heißt er denn mit dem wirklichen Namen, der Herr Betrüger? – Ludwig Schmidt? Ludwig – Ludwig – Wie mein Pudel. Und – und was ist er von Beruf? – ein verkrachter Musiker? – *Herr Argus*, soeben erfahre ich, daß der Herr Schmidt, der Herr Beethoven, der Herr Betrüger einen Moment das Haus verlassen hat. Aber er hat hinterlassen, daß er in einer Viertelstunde wieder da ist. Ich erwarte Sie also in einer Viertelstunde, Herr Argus. Mit Ihren Berittenen oder was Sie sonst auf Lager haben. Auf Wiedersehen, Herr Argus!

(Er legt auf. Jetzt ist rasches Handeln von Nöten. Er wählt.)

Hallo, Herr Baron? Hier ist der Portier.

(Er spricht ganz leise. Man kann nie wissen.)

Herr Baron, packen Sie so schnell wie möglich Ihren Koffer und schauen Sie, daß Sie aus dem Hotel herauskommen! In zehn Minuten werden die Reisigen da sein. – Aber! Aber! Die zwölfhundert Schilling, die ich Ihnen vorgestreckt habe, das ist jetzt alles nicht so wichtig. Sie brauchen sich nicht zu bedanken, Herr Baron. Ich denk' mir halt: Sie haben vielleicht auch einmal einen Vater gehabt, und der hat Sie lieb gehabt und der hat zu Ihnen Ludwig gesagt und hat Sie Musiker werden lassen wollen und der hat – schauen Sie, daß Sie schnell in Sicherheit kommen. Und alles Gute für später! – Alles Gute, Herr Ludwig!

(Er legt auf. Ein großer Stein ist ihm vom Vaterherzen gefallen.)

Franz, Leopold! Geht's rüber in die »Weintraube«! Und bestellt's euch dort zwei große Gulasch! Aber was! Die Gäste sollen sich die Koffer heute selber tragen! Und trinkt's ein Flascherl Schlumberger auf das Wohl von *meinem Herrn Sohn Ludwig!*

Karl Farkas

Meine Erinnerung an Karl Farkas: Er war kein sehr zugänglicher Mensch. Zu mir war er immer lieb. Es hat einmal das Telefon geläutet, und er war am Apparat und hat sich über das Befinden meines Hundes erkundigt. Er sagte nur: »Wie geht's der Gucki?« In ihm steckten alle Pointen dieser Welt. Er und Ernst Waldbrunn sind vor Beginn eines Programmes im Café Prückel gesessen und haben mit ernster Miene ihre Doppelconférencen geschrieben.

Ich möchte eine Begebenheit erzählen, die man mir berichtet hat. Farkas ist an einem Abend während der Vorstellung an einem schmerzenden Anfall erkrankt. Er konnte nicht mehr spielen, hat das »Simpl« verlassen, um nach Hause zu gehen. Alle waren froh, dass er nicht bis zum letzten Augenblick durchgehalten hat. Einer seiner Kollegen hatte denselben Heimweg wie er, und als er am Farkas-Haus vorbeigekommen ist, sieht er ihn auf einer Stiege sitzen, die ins Haus führte. Er ging zu ihm und sagte: »Ja, Herr Farkas, wieso sitzen Sie denn hier? Sie müssen sich doch hinlegen.« Die Antwort war: »Ich wollte nicht, dass meine Frau erschrickt.« Ich glaube, an solchen Dingen erkennt man den Charakter eines Menschen.

Es wurde von anderen oft bezweifelt, dass er Güte in sich hatte, weil er natürlich oft sehr scharfzüngig war. Aber ein Kabarettist ist eben kein weicher, zugänglicher Mensch. Aber Scharfzüngigkeit löscht Güte nicht aus. Ich fand von ihm einen rührenden Text, den er in Amerika geschrieben hat. Aus dem erkennt man die Sehnsucht nach Wien.

KARL FARKAS
Frauen unter sich

Frau Schöberl und Frau Berger, gespielt von Karl Farkas und Erst Waldbrunn, treffen auf der Straße aufeinander.

BERGER: Frau Schöberl!
SCHÖBERL: Grüß Sie Gott, Frau Berger. Ich hab Sie eine Ewigkeit nicht gesehen.
BERGER: Ich hab schon gar nicht mehr gewusst, wie Sie ausschaun.
SCHÖBERL: Hab ich mich so verändert?
BERGER: Ja.
SCHÖBERL: Zum Vorteil?
BERGER: Sie können sich nur zu Ihrem Vorteil verändern.
SCHÖBERL: Sehr witzig, sehr witzig. Ich hab Sie auch nur an Ihrem Kleid erkannt.
BERGER: Also, das ist eine Frechheit. Das ist ein Modell: Old England.
SCHÖBERL: Alt und eng is' es.
BERGER: Geh sind S' nicht blöd.
SCHÖBERL: Aber Ihr Hut: bezaubernd! Das muss ich sagen.
BERGER: Gell, was? Er macht mich so jugendlich.
SCHÖBERL: Ja, er tut, was er kann.
BERGER: Also, geh bitte …

SCHÖBERL: Also, mit Hüten hab ich's schwer. Mein Mann kauft mir nicht gern Hüte. Wenn er hört, ich will einen neuen Hut haben, spielt er gleich alle Farben. Wie ein Pygmalion.

BERGER: Chamäleon.

SCHÖBERL: Schimpfen S' nicht über mein' Mann. Bitte, das ist meine Sache, ja?

BERGER: Na, das hat er mir erzählt.

SCHÖBERL: Was?

BERGER: Na, dass das Schimpfen Ihre Sache ist. Sie keppeln fortwährend.

SCHÖBERL: Das ist eine Verleumdung. Wir harmonisieren sehr gut miteinander.

BERGER: Na bitte, er ist anderer Meinung. Er sagt, Sie passen nicht zu ihm.

SCHÖBERL: Mein Mann ist ein alter Trottel und ich pass sehr gut zu ihm. Er hat natürlich seine Fehler, schwankt umher wie ein Rohr im Winde in seinen Meinungen. Er ist ein richtiger Katafalk, mein Mann.

BERGER: Kalfacta.

SCHÖBERL: Das auch.

BERGER: Net auch.

SCHÖBERL: Macht mich nervös. Er macht mich nervös. Er stottert, fangt einen Satz an und redt ihn nicht zu Ende. Er fahrt sich immer mit der Hand im Gesicht umeinander.

BERGER: Wie dieser Waldbrunn.

SCHÖBERL: Ich kenn ihn nicht. Wer ist das?

BERGER: Na, was heißt nicht kennen? Gehen Sie nie ins Theater, in die Josefstadt?
SCHÖBERL: In die Josefstadt geh ich, ins Theater nicht. Sie schon?
BERGER: Na, ich schon! Ich war ja sogar schon im Burgtheater bei dem Stück vom Bernhard Schau: Pygmalion.
SCHÖBERL: Chamäleon.
BERGER: Net Chamäleon. Pygmalion!
SCHÖBERL: Na, vorher haben Sie gesagt, es heißt Chamäleon.
BERGER: Na, aber geh bitte; das heißt Pygmalion, ich weiß doch das. Ich geh doch ins Theater. Man muss ja gebildet sein. Ich schau mir das an. Ich geh ins Theater, um mitreden zu können.

Frau Schöberl schaut verdutzt.

SCHÖBERL: Stört das nicht die Vorstellung.
BERGER: Geh hörn S' …
SCHÖBERL: Theater, das wär so meine Wonne. Theater ist für mich so wirklich des Pudels letzter Schrei.
BERGER: Kern!
SCHÖBERL: Kern auch, auch. Aber es ist schwer. Ich komm ja nicht dazu. Die Wirtschaft lastet auf mir. Mein Mann … Sie kennen ihn doch. Der wechselt seine Betätigungsfelder wie seine Hemden. Jeden Monat ein anderes. Silvester geht er immer als Rauchfangkehrer. Dann war er schon mal, Taxler

war er, Fiaker war er, Briefträger war er und das halt er auch nur …

BERGER: Auf die Dauer einer Doppelconference aus. So wie meiner; genau dasselbe. Bringt kein Geld nach Hause. Nix, ach Gott, wenn ich nicht meine Geflügelhandlung hätte, wir könnten gar nicht leben.

SCHÖBERL: Ah, ja Sie haben ja die Geflügelhandlung. Wie geht das Geschäft?

BERGER: Ah, fragen S' mich gar nicht. Die Leute kommen rein, greifen an den' herum, verstehen Sie, und dann gehen sie weg, ohne eine zu nehmen.

SCHÖBERL: Ja, ich kenn das. Ich hab zwei heiratsfähige Töchter. Ich kenn das, wie das ist.

BERGER: Was, die sitzen noch immer unverheiratet zu Haus herum? Sie, Sie könnten doch schon längst Großmutter sein!

SCHÖBERL: Bin ich auch, bin ich auch. Meine Älteste, die Salome. Wissen Sie, wir haben einmal einen Untermieter gehabt, einen gewissen Strauss. Der ist wirklich ein … die hat ein reizendes Baby. Aber der betreffende Herr ist leider verreist und hat vergessen, seine Adresse zu hinterlassen.

BERGER: Ja, ja, unter den Männern gibt es schon so gewisse Elemente.

SCHÖBERL: Ja, und die zahlt er dann nicht.

BERGER: Was?

SCHÖBERL: Die Elemente.

BERGER: Alimente.

SCHÖBERL: Ich sag ja, Elemente.

BERGER: Ali, mit Ali.

SCHÖBERL: Ich kann mich erinnern, ein türkischer Fremdarbeiter war's. Ich weiß, jetzt kann ich mich erinnern. Sie haben ja auch eine heiratsfähige Tochter.

BERGER: Na, meine! Meine Marylin. Vor drei Monaten hat sie sich schon verlobt. Mein zukünftiger Schwiegersohn ist ja auch ein fixer Draufgänger.

SCHÖBERL: Aber was …

BERGER: Er ist zu mir raufkommen, hat gsagt, in der Wohnung net, hat gsagt: Ich bitte um die Hand Ihrer Tochter, aber bitte net lang umeinanderreden, weil draußen steht mein Wagen und vor Ihrem Haus ist Halteverbot.

SCHÖBERL: Das ist ein Tempo, das ist ein Tempo. Was ist er von Beruf?

BERGER: Er ist hoher Beamter am Katasteramt. Er ist ein Katasterrat.

SCHÖBERL: Was ist der?

BERGER: Ein Katastarat.

SCHÖBERL: Na, die ist ein armes Mädel, Ihre Tochter.

BERGER: Na, wieso armes Mädel? Ich bitte Sie. Die ist beneidenswert. Die ist gebildet, die ist intelligent, die ist häuslich und hübsch ist sie, sag ich. Mir direkt aus dem Gesicht geschnitten, verstehen Sie?

SCHÖBERL: Sie hätte sich ein anderes Schnittmuster wählen sollen.

BERGER: Geh, sein S' net blöd. Haben Sie Ihre Tochter …

SCHÖBERL: Meine Tochter, meine Jüngste, die hat meinen Sexappeal geerbt.
BERGER: Sie hätten sie enterben sollen.
SCHÖBERL: Net, net, mein Sexappeal, mich müssten Sie im Bikini sehen.
BERGER: Im Bikini? Geh.
SCHÖBERL: Im Strandbad im Sommer wurde ich direkt umschwärmt.
BERGER: Von den Gelsen.
SCHÖBERL: Und Verehrern. Ich könnt Verehrer heut noch haben. Fünf Finger an jeder Hand. In meiner Jugend hab ich einen Aristokraten gehabt. Einen gewissen Playboy.
BERGER: Gehen S', herst. Sehen S', ich nicht, ich nicht. Ich war nie kokett in meinem Leben, niemals. Ich war auch nicht schön, ausgesprochen schön nicht. Ich war so pikant.
SCHÖBERL: Aha.
BERGER: Aber treu, treu; ich habe nie einen anderen gekannt als meinen Berger.
SCHÖBERL: Das glaub ich Ihnen. Denn wenn's einen anderen gekannt hätten, hätten S' Ihren nicht genommen.
BERGER: Das ist, also das ist eine Frechheit. Also bitte, gegen meinen Berger sagen Sie mir nix. Bitte, er hat seine Fehler, aber schließlich ist ein Mann ja erst das, was eine Frau aus ihm macht. Ein Mann ist ja ein richtiger Rohstoff und kein Fertigprodukt. Deswegen besteht ja jetzt der Trend, uns Frauen in führende Positionen einzusetzen.
SCHÖBERL: Was besteht?

BERGER: Trend, Trend. Das ist amerikanisch. Das haben wir von den Amerikanern übernommen. Das heißt Zug.

SCHÖBERL: Zug, Zug.

BERGER: Ja, also es besteht der Trend, uns Frauen an die Macht zu bringen.

SCHÖBERL: Ja, das ist wie Honig für meine Ohren. Wir Frauen können doch die Männer wirklich glatt ersetzen.

BERGER: Na was, selbstverständlich. Das tun wir doch jetzt schon, indem wir an derselben Stelle, wo normalerweise unsere Männer debattieren, wir auch unsere Debatte halten. Wie mein Berger.

SCHÖBERL: Jetzt ist mein Schöberl auf Urlaub. Vorgestern hat er mir eine Ansichtskarte geschickt, von der Trendspitze.

BERGER: Was, was für a … Trendspitze?

SCHÖBERL: Trendspitze. Zugspitze; Trend heißt Zug.

BERGER: Also bitte, das ist ein Blödsinn.

SCHÖBERL: Er ist hingefahren mit dem Schnelltrend.

BERGER: Schnell…?

SCHÖBERL: Schnellzug! Trend heißt Zug. Also, ich erklär Ihnen das in einem Trend …

BERGER: Also, was …

SCHÖBERL: Zug. Wir Frauen müssen an die Macht.

BERGER: Na, selbstverständlich. Sind wir ja schon, sind wir schon. Wir haben doch unsere erste weibliche Ministerin im Kabinett. Kolossal. Ja, wir haben eine Ministerin dort sitzen.

SCHÖBERL: Ministrantin!?
BERGER: Nicht Ministrantin, Ministerin, eine Frau Ministerin.
SCHÖBERL: Ministerin, Frau, na Sie werden mir das schon erklären.
BERGER: Eine Frau Ministerin ist sie.
SCHÖBERL: Ah, ist sie ihr eigener Mann?
BERGER: Nein, sie ist nicht die Frau von einem Minister, sie ist, sie hat ihren Stuhl in der Regierung. Sie sitzt als einzige Frau allein unter allen Männern im Kabinett.
SCHÖBERL: Na, das wär mir unheimlich.
BERGER: Na, wieso fürchten?
SCHÖBERL: Als einzige Frau, unter Männern, in einem Kabinett. Noch dazu in einem schwarzen, na! Ich tät mich fürchten. Geh, geh ma auf die andere Seite rüber, da ist es so windig. Ich bin so empfindlich gegen Trend.
BERGER: Was?
SCHÖBERL: Trend heißt Zug.
BERGER: Aus, nein, ich geh. Ich hab jetzt keine Zeit. Ich muss jetzt schnell zurück, weil zu Hause haben wir einen Wasserrohrbruch und mein Mann hält den Daumen auf die geplatzte Stelle, bis ich mit dem Installateur zurückkomm. Und vorher muss ich noch zur Schneiderin.
SCHÖBERL: Ich muss jetzt noch einen Sprung in den Kosmetiksalon machen. Man will mir dort die restlichen Schönheitsfehler aus meinem Gesicht entfernen.

BERGER: Sie wollen sich enthaupten lassen?

SCHÖBERL: Nicht, nicht. Frau Berger, ich habe jetzt endgültig von Ihren ständigen Vegetationen genug. Sie entwickeln eine Pubertät gegen mich manchmal. Das ist wirklich unverträglich.

BERGER: Sie sollen keine Fremdwörter gebrauchen. Sie wissen nicht, was sie bedeuten.

SCHÖBERL: Ich weiß, was sie bedeuten. Mich werden Sie nicht exo … exomieren, mich nicht. Da irritieren Sie sich, Sie Grassive, Sie.

BERGER: Also, was zu viel ist, ist genug. Das hab ich davon, dass ich mich hierher stell und Ihnen alles erklär.

SCHÖBERL: Ja, wie Ihr Mann, Sie Obergscheite, genau wie Ihr Mann, der Herr Berger.

BERGER: Ja, und Sie sind so begriffsstützig wie Ihr Mann, der Schöberl.

SCHÖBERL: Ach so?

BERGER: Ja!

SCHÖBERL: Ach so. Pudeln Sie sich nicht auf, mir werden Sie nicht das Wasser lassen, Sie alte Hypothek, Sie.

BERGER: Sie gehirnlose Masse, das hab ich gewusst, dass wenn ich mich mit Ihnen einlasse.

SCHÖBERL: Oder ich mit Ihnen.

BERGER: Dann kommt dabei dieselbe Streiterei heraus.

SCHÖBERL: Wie bei unsern Männern.

Ende

KARL FARKAS

Auf dem Graben sitzen auf Terrassen Massen,
die dort Coca-Cola schlürfen dürfen.
Wo die Pummerin melodisch pummert
ist der PKW Verkehrt entschlummert.
Nur Fiaker dürfen dort
mit Schimmeln wimmeln.
An den Tischen sieht man Leute
lässig lümmeln.
Vor dem Laden eines Miedermachers
klingt das Liedl eines Liedlmachers
Sänger des Folklores jodeln Liebeszores,
Blaskapellen in den höchsten Tönen dröhnen,
wer zu Fuß geht schätzt die
Zonenattraktionen.
Weniger die Leut die in den
Zonen wohnen.

Liebe Cissy, lieber Hugo –

Ihr wart glitzernde Sterne des Cabarets: Du, Cissy, verwandelt in eine Deiner Figuren, die ihr beide erschaffen habt. Zum Beispiel die, die der Novak nicht verkommen hat lassen. Oder die sich so sehr zum Geburtstag einen Vorderzahn gewünscht hat. Und die, die den Novotny net leiden hat können. Und noch so viele, die der Hugo aus seinem Gedächtnis geholt hat. Sie waren alle ein bisserl herrlich blöd und leben alle weiter, weil sie von heutigen Kabarett-Damen verwendet werden. Aber Du warst einsame Spitze.

Und Dein Hugo am Klavier mit unverändertem Gesichtsausdruck. Ich hab Dich geliebt, Hugo. Ich musste so über Dich lachen! – Einmal warst Du bei einer Vorstellung bei unserem Nestroy auf der Burg Liechtenstein. Plötzlich kam ein Gewitter mit einem Regenguss. Es hörte nicht auf zu regnen, und ein Sturm brach los. Wir brachen die Vorstellung ab. Ich hatte nur einen Gedanken: Der Hugo wird sich erkälten, er ist sicher ganz durchnässt! »Hugo, ich bring Dich schnell nach Hause« – Du sträubtest Dich natürlich. Du fährst mit dem Taxi. (Er wohnte nämlich ganz nah.) Wir kamen in die Hinterbrühl. Viele Villen. »Hugo, wo wohnst Du?« »Hier.« »Nein, das glaub ich Dir nicht. Ich warte, bis Du wieder herauskommst.«

Dieser Dialog wiederholte sich öfter, bis Du bei einem Haus ganz sicher warst, Du gingst hinein, und ich starrte eine Viertelstunde auf das Haustor, bis ich der Überzeugung war. »Nein, so lang kann er sich nicht verstecken.«

Ob die Cissy damals zu Haus war, weiß ich nicht.

Ein anderes Mal sind wir einander im ORF bei einer Sendung begegnet. Man musste auf seinen Auftritt warten, wir sind nebeneinandergesessen, und ich merkte, dass Du so eigenartig nervös warst. Wie kann das bei einem Menschen, den man nur als ganz besonders ruhig, fast emotionslos kennt, passieren. »Hugo, warum zitterst Du?«

»Ich muss jetzt, in der Livesendung, zum Klavier gehen und singen: Die Cissy lasst mi net verkommen. Das überleb i net.«

Premiere im »Simpl«. Cissy sitzt neben mit: »Du heast, i sog dir, i hob was g'hört. Also das Stück, das jetzt in den Kammerspielen g'spielt wird, soll ja so scheußlich sein. Direkt grauslich. Unappetitlich. Schlecht gespielt. Olles schlecht. Schau Dir das net an!« – Sie dreht sich zu mir, schaut mich an: »Jessas, des spielst ja Du!«

Und da gibt's noch einen Glitzerstern am Kabarett-Himmel! Leider will er nicht mehr leuchten: Lore Krainer.

Ich hab das Glück, mit ihr befreundet zu sein. Es hat im Rundfunk viele Jahre eine sonntägliche Radiosendung gegeben, auf die alle Leute gewartet haben. Ich glaube, das war die meistgehörte aller Sendungen im Radio. Lore hat vorher immer die ganze Woche an ihren Chansons und Beiträgen gearbeitet. Die waren meist hochpolitisch, scharf und intelligent. Die Sendung wurden neben Lore von erstklassigen Kabarettisten bestritten: von Herbert Prikopa, Kurt Sobotka, der auch die Regie hatte, und anderen, deren Namen mir jetzt nicht einfallen.

Plötzlich wurde die Sendung abgesetzt. Ich weiß nicht, warum. Nach 30 Jahren. Das war ein Schlag für die Lore. Ich glaube, dass sie sich davon nicht erholt hat. Sie hatte noch einen wunderbaren Soloabend, ich habe ihn gesehen. Und wie er zum zweiten Mal angesetzt war und sie aus dem Haus ging, um ins Theater zu gehen, stürzte sie an der Schwelle ihres Hauses. Sie musste die Vorstellung absagen, das war bis jetzt ihr letzter Auftritt. Sie wollte nicht mehr.

Ihre liebsten Hausgenossen sind ihre Hunde und Katzen. Sie hatte einen und vier Katzen. Im Lauf der Zeit sind drei Katzen und ein Hund gestorben. Lore war sehr, sehr traurig.

Ein Telefonat mit Fritzi:

Lore: Stell dir vor, Fritzi, meine liebe Katz is' tot.

Fritzi: Ach Lore, sollen wir dir eine Katze schenken?
Lore: Nein, nein, nein! Nie im Leben!
Fritzi: Willst du vielleicht zwei Katzen.
Lore: Nein, nein, nein!
Fritzi: Ja, was willst denn dann?
Lore: Drei Katzen!

Wir, Fritzi, Goran und ich, sind in eine Gemeindewohnung gefahren, wo eine Frau Katzen hergeben musste. Wir nahmen zwei Katzen mit. Kaum im Auto, sagte ich: »Da war doch noch eine dritte.« Goran spang heraus, wieder hinauf und schnappte die dritte Katze. Und raste unter dem Geschrei und Weinen der Frau wieder herunter. Wir wussten aber, dass sie die auch hergibt. Wir fuhren direkt zu Lore nach Oberwaltersdorf, wo sie unter Freudentränen begrüßt wurden. Nur trauerte sie noch um ihren kleinen Hund. Wir drei fuhren in die Bucklige Welt, wo in einem Haus etliche Tiere auf Plätze warteten. Ich sah einen kleinen Hund, der genauso aussah wie Lores verstorbener Hund. Wir nahmen ihn, fuhren wieder zu Lore nach Oberwaltersdorf. Ich läutete. Eine böse Stimme antwortete: »Was is'!«

»Wir sind's Lore«.

»Ich bin krank!«

»Bitte, mach auf! Wir sind's doch.«

Das wiederholte sich x-mal. Plötzlich ging die Türe auf, Lore stand fertig angezogen da, schaute uns an und sagte: »Den Hund nehm' ich nicht!« Das wiederholte sich wieder x-mal. Dann nahm sie ihn.

Wir sagten: »Der heißt Daisy.«

»Die heißt nicht Daisy, die heißt Kathi.«

Beim Abendessen stellte sich heraus, dass Kathi ganz genauso reagierte wie der verstorbene Stani.

Eine glückliche Lore mit drei Katzen und einem Hund!

Fritz Grünbaum

Einer meiner Soloabende hieß »Grünbäume und Morgensterne«. Den habe ich rätstelhafterweise nur ein einziges Mal gespielt. Das Publikum zündete Lichter an.

Grünbaum ist ein entsetzlicher Name!
Wär' nicht so schrecklich, bei einer Dame;
denn wenn sie ledigen Standes ist
und das Unglück des Namens Grünbaum genießt,
dann ist es nicht nötig, dass lang es sie schauert,
weil das doch nur bis zur Hochzeit dauert.
Schwieriger wär's schon, wenn als Vermählte
sie mit dem Namen Grünbaum sich quälte.
Was braucht sie den eigenen Namen zu hassen?
Soll sie von Grünbaum sich scheiden lassen!
Die Scheidung ist hier der bequemste Rat,
Weil nur eins dazu nötig: ein Advokat.

Nur rat' ich der Frau, dass sie Vorsicht übe
und sich nicht in den Advokaten verliebe.
Den Grünbaum wär' sie dann allerdings los,
doch ihr Unglück wäre trotzdem nicht weniger groß,
weil so ein Herr Advokat doch zumeist,
wenn er nicht Grünbaum heißt – Rosenbaum heißt.
Doch was soll man tun, wenn man Grünbaum heißt
und bei näherer Betrachtung sich als Mann erweist.

Was glauben Sie, was hat mir der Grünbaum geschadet,
seit man mich nach der Geburt hat gebadet?
Keiner weiß es besser als ich,
wie sehr mich mein Name macht lächerlich.
Wenn's ginge, ich hätt' ihn schon liegengelassen,
ich trau' mich im Winter nicht mehr durch die Gassen.
Im Sommer da geht's ja noch, schön, also ja,
aber im Winter ein Grünbaum? Wie steh' ich da?
Im Schnee macht ein Grünbaum schlechte Figur:
Ich verschandle die Einheitlichkeit der Natur.
Es ist nur ein Glück, dass als Dichter ich weiß,
wie ein Baum zu benehmen sich hat im Eis.
Knarren und stöhnen und schwanken im Wetter
und vor allem: es haben zu fallen die Blätter.
Das alles besorg ich im Wintergrau,
sogar den Blätterfall mach ich genau,
ich schreib ein Theaterstück – was will man mehr? –
und dann fallen die Blätter – über mich her.

FRITZ GRÜNBAUM
Mein Kollege, der Affe

Voriges Jahr (ich glaub', 's war im März,
Ich hab' noch getragen den Mantel mit Nerz,
Wo mein Freund, der Merores, war d'rüber so paff …)
Da war im Apollotheater ein Aff!
Ich mein' aber nicht im Publikum,
Sondern hier oben am Podium.
Der Aff ist nämlich ein Künstler gewesen,
Genau so wie ich. Man konnte ihn lesen
Auf allen Plakaten, im roten Rahmen,
Sein Name stand gleich über meinem Namen,
Nur doppelt so fett und in dreifacher Höh',
Er war auch schon länger beim Varieté
Und viel berühmter als ich deswegen.
Also ich und der Aff', wir waren Kollegen.
Wir war'n im Theater zusamm' engagiert,
Wir waren beide groß annonciert,
Ich, weil ich hübsche Gedichtlein schaff'
Und er wieder, weil er … er war halt ein Aff!
Ein blödes Gesicht hat der Kerl gehabt …!
Er hat immer so mit den Augen geklappt
Und ewig dabei sich gekratzt immer so
Da rückwärts … nur Ruhe, ich sag' schon nicht, wo!
Aber Haare hat er gehabt! So viel,
So weich und so lang und so wo man nur will,

Auf dem Kopf, auf dem Hals und auf allen vier Tatzen …
Ich hab' ihn beneidet mit meiner Glatzen!
Und nicht nur, weil stark er mit Haar'n war bekleidet,
Ich hab' überhaupt den Affen beneidet.
Es ist ja nicht schön, er war mein Kollege,
Aber er war mir halt immer im Wege!

Zum Beispiel die Bilder von ihm und von mir
War'n aufgehängt gleich rechts bei der Tür,
Wenn man hereinkommt ins Foyer,
Damit sie sofort das Publikum seh'.
Also wie ich am Ersten in's Foyer komm',
Seh' ich drei reizende mollige Frau'n,
Wie sie sich grad uns're Bilder beschau'n,
Und hör', wie die Schönste von ihnen grad spricht:
»Gott, hat der Aff' ein blödes Gesicht!
Das Maul so breit und die Lippen so dick,
Schaut euch nur an den vertrottelten Blick! …«
Also ich hätt' sie am liebsten umarmt deswegen.
Man hört ja so gern, wenn wer schimpft auf Kollegen!
Aber wie ich dann hinschau', knapp hinter ihr,
– Was sagen Sie jetzt? – war's das Bild von mir!
So eine Frechheit, ich war ganz paff,
War'n die der Meinung, *ich* bin der Aff'!
Dabei war ich nicht einmal ähnlich dem Viech,
Der Aff' war nämlich viel schöner als ich!
Dafür aber war er bedeutend blöder.
Und trotzdem war er für alle ein Köder.

Der Direktor sogar hat umschmeichelt ihn,
»Herr Moritz« her und »Herr Moritz« hin,
Er hat ihn gegrüßt von weitem schon,
Und ich – war das Stiefkind der Direktion.
Ich bitte sehr, durch volle vier Wochen
Hab' ich die schönsten Gedichte gesprochen,
Und was war der Lohn, daß ich Müh' mir genommen?
Dreitausend Kronen hab' ich bekommen!
Der Aff' ist aber mit verblödeter Miene
Gekommen gewatschelt heraus auf die Bühne,
Hat sich rechts verbogen und links verbogen,
Dann hat er die Beinkleider ausgezogen,
Und wie er im Hemd war, hat er sich jetzt
Still auf ein weißes Gefäß gesetzt.
Ich bitte, das war seine Produktion,
Ich geb' nichts dazu, und ich nehm' nichts davon!
Ich weiß zwar nicht, wo da die Kunst drin liegt,
Aber dafür hat er achttausend Kronen gekriegt!
Ich bitte sehr, woll'n Sie sich vorstellen jetzt,
Ich hätt' mich hier auf – das Weiße gesetzt,
Ich treff' die Kunst auch, und ohne Geschrei
No glauben Sie, 's möcht' mir wer zuschau'n dabei?
Und wenn man auch wirklich schon zuschau'n möcht' mir,
Geld geben möcht' mir kein Mensch dafür!

Und seh'n Sie, der Aff' hat die dreifache Gage,
Er ist der Star und ich – die Bagage,
Der Aff' nur erklettert die Ruhmeshöh',

Drum geh'n so viel Affen zum Varieté.
Die Affen sind groß, die Affen verdienen,
Und *ich* bin ein kleiner Kollege von ihnen!
Drum hab' ich den Moritz so bitter gehaßt,
Ermorden hätt' ich ihn können fast.
Bei ihm hat gewackelt vor Beifall das Haus,
Bei mir aber war fast niemals Applaus!
Halt! Einmal erblickt' ich zwei klatschende Händ':
Es war ein entzückender Theateragent.
Ich hab' da ein kleines Gedicht vorgelesen –
– Es ist nicht einmal so komisch gewesen –
Aber wie ich die ersten drei Worte gesprochen,
Ist mir der unten in Brüll'n ausgebrochen,
Ich weiß nicht, wieso ich mir den hab' gewonnen,
Die Tränen sind ihm heruntergeronnen!
Und eh' ich noch fertig war, drückt ihn das Lob
Und er stürzt hinauf in meine Gard'rob.
Dort ist meine Frau grad ruhig gesessen,
Die mich erwartet hat unterdessen.
Da stürzt der Agent durch die Türe herein,
– »Gnädige Frau, Sie müssen verzeih'n,
Aber durch mich soll'n Sie Geld verdienen.
Sagen Sie mir, gehört der Aff' Ihnen?«
– »Was für ein Aff?« fragt die Frau ganz entsetzt.
– »No der, was Gedichte grad unten sagt jetzt!«
Meine Frau wollt' den Mann unterbrechen,
Doch der schreit: »Ich hab' nicht gewußt, er kann sprechen.
Wissen Sie, Gnädige, ich war ganz paff.

Ein Aff', was Gedichte macht, das ist ein Aff'!
Erst hab' ich gedacht, er ist gar kein Vieh,
Sondern ein Mensch, so wie ich und wie Sie,
Doch dann hab' ich wieder gesagt zu mir, ›nein,
So häßlich wie der kann ein Aff' nur sein!‹
Ganz unter uns gesagt, was er da red't,
ich mein' die Gedichte, sind ja sehr blöd,
Aber was will man? Man muß doch gesteh'n,
Für einen Affen sind sie ganz schön!«

An diesem Abend hab' ich beschlossen,
Der Aff' soll mir niemals mehr spiel'n einen Possen.
Ich lass' mir jetzt langsam die Haare wachsen
Und lern', mich zu kratzen am Hals mit den Haxen.
Und wenn ich imstand' bin, zu sitzen auf Stangen
Und mitten im Sprung einen Floh zu fangen,
Erst dann, wenn ich flott auf den Händen geh',
Dann komm' ich zurück auf das Varieté.
Dann werden entzückt mich empfangen die Leute,
Dann werd' ich mich nennen »Moritz der Zweite«,
Dann bin ich ein Künstler und mache Sie paff,
Aber nicht mehr als Dichter, sondern – als Aff'.

O Du liebe Weltgeschichte!
»Der liebe Augustin«
Ein Kabarett. Geführt von Stella Kadmon.

Im Café Prückel geht eine Stiege hinunter. Ein kleiner Raum mit einer kleinen Bühne. Ich hatte bei einem Kaffee die Idee! – Ich fragte die Chefin des Cafés: »Wäre es möglich, dass ich mit meinen Schülern des Konservatoriums auf dieser Bühne Kabarett spielen könnte?« Ihre Antwort war: »Ich freu' mich.« Ich sagte: »Ich würde gern Nummern aus Programmen des ›Lieben Augustin‹ suchen und die jungen Leute sollen erfahren, was Kleinkunst ist.« Dass Kleinkunst nur durch schauspielerische Fähigkeit zu erlangen ist. Und so geschah es. Die Schüler waren Feuer und Flamme und spielten.

Das Programm begann mit einer musikalischen Begrüßung:

Spitzen und Splitter

Spitzen und Splitter,
Wortgewitter,
da ein Chanson und dort ein Couplet.
Spitzen und Splitter,
fröhlich und bitter,
wie sich's gehört im Kabarett.

Heute sind es die Dreißigerjahre,
wir lassen sie jetzt Revue passier'n.

Wir holen sie aus der Versendung heraus:
Von Grünbaum bis Soyfer,
von Metzl bis Weigel,
von Hammerschlag bis hin zu Kraus.

Spitzen und Splitter,
Wortgewitter,
da ein Chanson und dort ein Couplet.
Geistesblitze, Mutterwitze,
Schmunzelmittel, Zeitkapitel –
wie es sich gehört im Kabarett.

Elfriede Ott und die Schauspielakademie

Handwerkliches Können, komödiantische Phantasie – das war von Anfang an mein einziges Ziel. Mit diesem Wissen hab ich die Schule begonnen. Ohne handwerkliches Können kann man Phantasie nicht in die Praxis wandeln. Das ist immer ein Thema der Gespräche mit meinen Kollegen, die ich alle zu diesem Beruf des Lehrens geführt habe, und jeder von ihnen ist im Laufe der Jahre davon erfüllt. Es sind Schauspieler, Regisseure, Dramaturgen mit großen Theaterkenntnissen.

Ich habe das ganz starke Bedürfnis, meine Erfahrungen, die ich in meiner fast lebenslangen praktischen Arbeit am Theater, im Fernsehen, im Radio, auf dem Podium sammeln konnte, weiterzugeben. Und es überfällt mich ein ungeheures Glücksgefühl, wenn ich sehe, dass es gelingt. So wird in unserer Akademie an Dialogen gearbeitet, gesungen, improvisiert, getanzt, an der Sprache gefeilt, Clownerien erfunden, es wimmelt von Gefühlen in jede Richtung.

Die Studenten gehen in den Jahren, die sie bei uns verbringen, durch so viele verschiedene Phasen, dass sie, wenn sie für reif erklärt werden, imstande sind, sich in jede Art von Theaterbetrieb mit einer ernsthaft erarbeiteten Basis einzufügen.

Der Schauspieler muss heute umfassend ausgebildet und gebildet sein, sprachlich, körperlich, seelisch, stimmlich. Trainiert. Die Begabung, das künstlerische Talent, ist die Grundlage einer schwierigen Zeit der Entwicklung. Auch die Ausdauer muss trainiert werden. Sie wird für diesen Beruf immer wichtiger.

In diesen vergangenen Jahren ist eine Reihe von jungen Schauspielern entstanden, die unsere Arbeit lohnen.

Ich versuche, spielerisch, in Gruppenarbeit, die jungen Leute mit Lust am Lachen und Lust am Zum-Lachen-Bringen an diesen schweren Beruf heranzuführen. Zu tasten. Mit ihnen die ersten Gehversuche zu unternehmen. Ich nenne meine Arbeit »Erfahrungen«. Dann kommen sie in die nächsten Semester. Beginnen sich großen Stücken zu nähern. Schwere Texte zu beherrschen. Ganze Stücke zu spielen.

Dass Hans Weigel nicht mehr mit uns ist, ist ein unwiederbringlicher Verlust. Seine Lyrikwerkstatt war eine Einmaligkeit. Diese Arbeit war ein ganz wichtiger Faktor seiner letzten Lebensjahre. In dieser Zeit sind bedeutende Lyrikveranstaltungen entstanden, die unwiederholbar sind. Ich führe diese Lyrikwerkstatt in seinem Sinn weiter.

Erfahrungen weiterzugeben bedeutet, bereit zu sein, sich in jedes seelische Abenteuer einzulassen. Sich total auf andere Menschen einzustellen. Einerseits:

sich selbst zu vergessen; anderseits: durch mich dem anderen Gefühl zu vermitteln.

Es gibt in diesem künstlerischen Bereich keine Methode. Die Methode ist man selbst. Ich wünsche meinen jungen Studierenden, dass das Theater lebendig bleiben wird, dass sie die Möglichkeit haben werden, den Menschen in all seinen Lebensphasen, Schicksalen, Glücksperioden, Liebesbeziehungen, Erniedrigungen, Abenteuern, Fehlschlägen, Kränkungen, Verlusten, Gnaden, Abstürzen, Freuden, Untergängen, Bereicherungen, Schrecken, Schlechtigkeiten, Brutalitäten – kurz: ERFAHRUNGEN spielen zu dürfen, den Beruf, zu dem sie sich berufen fühlen, auszuleben, nicht von eitlen Regisseuren frühzeitig vernichtet zu werden, nicht von »Moden« ausgesaugt zu werden.

Ich verwende bei meinen Schülern den Begriff »Schüler« nicht gerne, weil er nicht im Sinne Fausts gedacht wird. Und es ist so wichtig, das Schulverhalten zu verändern. Das Gefühl des »Lernen-Müssens« soll sich in ein Aufnehmen, Erforschen, Erleben verwandeln. Ich fordere auf: Saugt mich aus! Nehmt alles, verlangt alles – wartet nicht ab! Seid ungeduldig, brennend, obwohl so viel Geduld zu ertragen ist.

Die Verwandlung des geschriebenen und gelesenen Wortes in den Gedanken, das Filtern des Schriftbildes durch das Herz zum Gehirn, zur gelebten Sprache –

das ist der ewige, scheinbar unbezwingbare Gletscher, bei dessen Bezwingung man immer wieder in die eigene Tiefe fällt. Welche Qualen könnte man den »Anfängern« ersparen, wenn sie diese Hürde überspringen könnten. Wenn sie in diese Falle des Erlernen eines Textes nicht taumeln müssten. Und doch ist das geschriebene Wort so unendlich wichtig, denn durch das erste Lesen entsteht das Bild. Und das Bild formt den Gedanken, und den Gedanken unbeeinflusst auszusprechen, das ist die Schwierigkeit. Diesen Prozess zu begreifen – da hilft keine Thalia und kein Kuss der Duse.

Wie das alles erklären, warnen, schwarzmalen, um abzuschrecken vor diesem Weg – um ihm aber auch Hoffnung zuzurufen, weil es ein herrlicher Weg ist, den nur wenigen vergönnt ist, weiterzugehen, ihn nicht nach dem ersten Schwierigkeitsgrad aufzugeben. Man muss schon ein robustes Innenleben haben, um die Rückschläge und Unsicherheit zu ertragen, die nie aufhören werden den Schauspielernden zu begleiten.

... und immer wieder die Jugend

– bis ins hohe Alter. Das ist wieder so ein Bühnengeheimnis. –

Es muss in den späten Fünfzigerjahren gewesen sein – ich war sehr zart, klein, unsicher. Burgtheater: »Der Bauer als Millionär«. Hermann Thimig in seiner Glanzrolle als Bauer Wurzel. Die Sängerin, die die Jugend hätte spielen sollen – ich glaube, es war Martha Ross –, erkrankt. Ich durfte einspringen.

Ja, so war es: Ich durfte.

Zitternd erlernte ich den Text, das Lied: »Brüderlein fein«. Thimig holte mich zu den Proben in seine Privatwohnung, erklärte mir die Hintergründe zu dieser Jugend. Auf der Bühne hatte ich keine Proben – in zwei Tagen war es so weit.

Zitternd betrat ich den Saal, in dem Wurzel noch mit seinen Gästen gefeiert hatte, jetzt war er allein, und es wurde ihm mein Erscheinen angekündigt.

Ich bin zwar eine kleine Person, aber so klein war ich noch nie. Die riesige Bühne, diese unendliche Weite des Zuschauerraums, die ich gespürt habe, ließen mich zu einem Nichts werden. Auch meine Stimme war kleiner.

»Grüß dich der Himmel!«, piepste ich heraus. Aber es gelang mir schnell, in diese wunderbare Szene einzutauchen. So überzeugte ich diesen groben Bauern

Wurzel, dass es mit seinem wilden Leben zu Ende sei, dass ich ihn verlassen muss! Er sträubt sich dagegen, aber es hilft ihm nichts – das »Brüderlein fein« war mit ihm ein zartes Duett, das mit einem endgültigen Handschlag endet – nach langem Zögern hatte ich diese Hand ganz fest in der meinen. Er hatte Tränen in seinen Augen, ich verließ ihn voll Schmerz.

Eisige Stille.

Das ist in diesem Stück der Moment, wo die Jugend immer wieder einen großen Abgangsapplaus hat. Nur ich nicht. Meine Nerven waren am Zerreißen. Diese Szene hatte mich ungeheuer aufgewühlt – und jetzt gab es nicht die gewohnte Reaktion des Publikums. Schande. In der Pause kam Hermann Thimig zu mir: »Mach dir nichts draus. Sie waren so gerührt, dass sie sich nicht gerührt haben.«

Diese Jugend begleitete mich durch viele Jahre. In allen meinen Soloprogrammen war sie mein Mittelpunkt. Es ist mir meist gelungen, den Menschen nahezubringen, sie zu erinnern, dass einmal dieser Punkt des Abschieds kommt. Und es gelang mir jedes Mal – nur dann mit Absicht –, einen Moment der Stille zu erzeugen.

Ich spielte diese Szene auf der Bühne mit Fritz Muliar, im Fernsehen beim sogenannten Abschied des »Ronachers«, der, wie man sieht, nichts zu bedeuten hatte, mit Paul Hörbiger, dann in einem Duoprogramm mit Julius Patzak, später mit Waldemar Kmentt, auch immer wieder allein – und dann kam der Punkt, wo auch ich mich von dieser Jugend verabschieden musste. – Jetzt geht's doch nicht mehr, die Leute würden lachen, jetzt kann ich doch nicht mehr die Jugend spielen.

Ich legte meinen weißen Zylinder ab.

Jahrzehnte vergingen. Meine Jugend war weit weg.

Vor einiger Zeit stand ich mit Chansons und Couplets auf einem Podium – und plötzlich überfiel mich der unmögliche Gedanke: Jetzt probier ich es noch einmal! Mein weißer Zylinder war wieder da. Ich beschreib die Szene dieses Abschieds in dem Stück des wunderbaren Dichters Ferdinand Raimund – und begann die Jugend zu spielen und zu singen – und das Wunder war da. Nach der Stille ein riesengroßer Applaus.

Ich war die älteste Jugend, die es je gegeben hatte.

Man fragt mich oft: Was würden Sie gerne »noch« spielen? Die Jugend (vielleicht mit einem kleinen Schleier, vielleicht auch nicht) und das hohe Alter, das nach dem Abschied der Jugend den Bauern besucht. Beide Figuren in einer Vorstellung! Ich muss es mir merken. Vielleicht am Ende des nächsten Lebens.

JUGEND
Brüderlein fein, Brüderlein fein,
Mußt mir ja nicht böse sein!
Scheint die Sonne noch so schön,
Einmal muß sie untergehn.

Brüderlein fein, Brüderlein fein,
Mußt nicht böse sein!

WURZEL

Brüderlein fein, Brüderlein fein,
Wirst doch nicht so kindisch sein!
Gib zehntausend Taler dir
Alle Jahr, bleibst du bei mir.

JUGEND

Nein, nein, nein, nein!
Brüderlein fein, Brüderlein fein,
Sag mir nur, was fällt dir ein?
Geld kann vieles in der Welt,
Jugend kauft man nicht ums Geld!
Drum, Brüderlein fein, Brüderlein fein,
's muß geschieden sein!

BEIDE

JUGEND

Brüderlein, bald, Brüderlein, bald
Flieh ich fort von dir.

WURZEL

Brüderlein, halt, Brüderlein, halt,
Geh nur nicht von mir!

JUGEND

Brüderlein fein, Brüderlein fein,
Wirst mir wohl recht gram jetzt sein?
Hast für mich wohl keinen Sinn,
Wenn ich nicht mehr bei dir bin?

Brüderlein fein, Brüderlein fein,
Mußt nicht gram mir sein!
WURZEL
Brüderlein fein, Brüderlein fein,
Du wirst doch ein Spitzbub sein!
Willst du nicht mit mir bestehn,
Nun, so kannst zum Teuxel gehn!
JUGEND
Nein, nein, nein, nein!
Brüderlein fein, Brüderlein fein,
Zärtlich muß geschieden sein.
Denk manchmal an mich zurück,
Schimpf nicht auf der Jugend Glück!
Drum, Brüderlein fein, Brüderlein fein,
Schlag zum Abschied ein!
BEIDE
Brüderlein fein, Brüderlein fein,
Schlag zum Abschied ein!

HEINZ R. UNGER

Das Ende des Kabaretts

Die Nacht hat schon ein bisserl zugebissen,
und eh ich heut ein bisserl schlafen geh,
werd ich mich noch ein bisserl fürchten müssen,
falls ich mich nur ein bisserl in der Welt umseh.
Ich trink ein bisserl Mokk, ohne aufzusehn,
ob die Neutronenbombe schon ein bisserl auf mich fallt,
die putzt mich weg – das Häferl läßt sie stehn,
nur der Kaffee wird halt ein bisserl kalt.

Wenn der Wind der Wirklichkeit
Mitten in die Show fährt,
schmelzen sie wie Schnee, die schönsten Schmähs.
Dort an der Grenze,
wo das Lachen aufhört,
dort ist das Ende des Kabaretts,
das Ende.

In der Muttermilch ist nur a bisserl Gift,
die Kinder haben a bisserl Blei im Haar,
auf Wahlplakaten steht in großer Schrift,
daß uns a bisserl besser geht als vorigs Jahr.
Die Atomfabriken wern nur a bisserl strahlen,
a bisserl mehr Profit, wozu die Streitereien,

ungehindert wird a bisserl saurer Regen fallen,
a bisserl hinter uns wird eh die Sintflut sein.

Wenn der Wind der Wirklichkeit
Mitten in die Show fährt,
schmelzen sie wie Schnee, die schönsten Schmähs.
Dort an der Grenze,
wo das Lachen aufhört,
dort ist das Ende des Kabaretts,
das Ende.

Text- und Bildnachweis

Textnachweis

Gerhard Bronner: »Widmung«, »12. März« © Mit freundlicher Genehmigung von Vivien Bronner, David Bronner und Felix Bronner

Karl Farkas: »Frauen unter sich«, »Auf dem Graben …« © Abdruck mit freundlicher Genehmigung des Thomas Sessler Verlages GmbH, Wien

Elfriede Ott, Rudolf Weys, Friedrich Torberg (nach Weys): »Cabaret und Kabarett« © Abdruck mit freundlicher Genehmigung des Thomas Sessler Verlages GmbH, Wien

Josef Pechacek: »Chanson für eine Dompteuse« aus: Hans Weigel: Gerichtstag vor 49 Leuten. Rückblick auf das Wiener Kabarett der dreißiger Jahre. Styria, Graz 1981; zwei Auszüge aus der »Arbeitslosenoper« © Abdruck mit freundlicher Genehmigung des Thomas Sessler Verlages GmbH, Wien

Jura Soyfer: »Telegraphen-Chanson«, »Lied des einfachen Menschen« © Abdruck mit freundlicher Genehmigung des Thomas Sessler Verlages GmbH, Wien

Heinz R. Unger: »Das Ende des Kabaretts«, entstanden für ein frühes Programm von Lukas Resetarits © Heinz R. Unger; Abdruck mit freundlicher Genehmigung des Autors

Ernst Waldbrunn: »Der Portier« © Abdruck mit freundlicher Genehmigung des Thomas Sessler Verlages GmbH, Wien

Hans Weigel: alle Texte © Elfriede Ott, »Licht und Schatten«, »Ballgeflüster«, »Die Geschichte vom Dichter Kaspar«, »Das Lied von der Kleinkunst«, »Das Lied vom kleineren Übel«, »Der Mann im Durchschnitt«, »U.A.F.A.V.« aus ders.: Gerichtstag vor 49 Leuten. Rückblick auf das Wiener Kabarett der dreißiger Jahre. Styria, Graz 1981; »Wippchen plädiert«, Nachlass Hans Weigel, 1908–1991, Wienbibliothek im Rathaus, Handschriftensammlung, ZPH 847, Archivbox 51

Hans Weigel und Jura Soyfer: »Schwejk Conference«, »Schwejk Szene« aus: Jura Soyfer: Szenen und Stücke, Europaverlag 1984 © Elfriede Ott

Hans Weigel und Rudolf Weys: »Die kompetente Behörde – Das Salzamt« © Elfriede Ott (Weigel) sowie Abdruck mit freundlicher Genehmigung des Thomas Sessler Verlages GmbH, Wien (Weys); »Die drei Wünsche« aus: Hans Weigel: Gerichtstag vor 49 Leuten. Rückblick auf das Wiener Kabarett der dreißiger Jahre.

Styria, Graz 1981 © Elfriede Ott sowie Abdruck mit freundlicher Genehmigung des Thomas Sessler Verlages GmbH, Wien

Hans Weigel, Hans Horwitz, Alexander Steinbrecher: »Opernparodie« © Elfriede Ott

Rudolf Weys: »Schale Nußgold« © Abdruck mit freundlicher Genehmigung des Thomas Sessler Verlages GmbH, Wien

Die Kabaretttexte und Gedichte wurden in der originalen Orthografie belassen.

Bildnachweis

Alle Bilder aus dem Privatarchiv der Autorin, außer: Peter Wurst (1), IMAGNO/Votava (3), Ernst Hausknost (9, 13), Bruno Völkel (10), Herbert Hrebicek (15)

Der Verlag hat alle Rechte abgeklärt. Konnten in einzelnen Fällen die Rechteinhaber der reproduzierten Bilder nicht ausfindig gemacht werden, bitten wir, dem Verlag bestehende Ansprüche zu melden.

*Geschichten und Anekdoten
über die geliebten Samtpfoten*

Katzen haben Elfried Ott ein Leben lang begleitet, nicht als schlichte Haustiere, sondern als souveräne Mitbewohner, ja eigentlich Familienmitglieder. Unzählige Episoden und humorvolle, charakteristische, bewegende Anekdoten hat sie in Erinnerung: Sie hat sie aufgeschrieben und ihnen eine Auswahl ihrer schönsten Aquarelle und Zeichnungen mit Samtpfoten-Motiven und viele Fotos beigegeben. Aber auch mit der »literarischen Katze« hat sich der Publikumsliebling immer wieder beschäftigt, für erfolgreiche Lesungen und auch zur heiteren Lektüre: in Texten von E. T. A. Hoffmann, Theodor Storm, Felix Salten, Claire Goll, Karel Capek, Ephraim Kishon, Marlen Haushofer, Barbara Rütting, Lotte Ingrisch u. v. a. All diese Geschichten finden sich in diesem sehr persönlichen, liebevoll gestalteten Tier- und Menschenbuch, zum Vergnügen für alle Tierfreunde, als Lesefreude und natürlich als hochwillkommenes Geschenk.

....

Elfriede Ott

Katze, was schnurrst du
Erlebte und gesammelte Geschichten und Anekdoten

224 Seiten, mit zahlreichen Abbildungen
ISBN 978-3-85002-871-4
eISBN 978-3-902862-91-4

Amalthea   amalthea.at

Humoristisches für die Seele

Der jüdische Witz, sagt Elfriede Ott, ist das Zentrum des Humors, weil er Tiefe hat und immer ins Menschliche trifft, weil er rührt und die Seele schwingen lässt.
Mit ihrem neuesten Buch legt die große Künstlerin ein Best-of des jüdischen Witzes vor. Eine Sammlung zum Lachen, aber ebenso zum Nachdenken. Natürlich kommt auch in diesem Band der Publikumsliebling selbst zu Wort, mit Erinnerungen an ihre Lebenspartner, die Meistererzähler auf diesem Gebiet waren: Hans Weigel, Ernst Waldbrunn, Gerhard Bronner, Maxi Böhm und Fritz Muliar.

Elfriede Ott
Auch lachen kann man lernen
Meine jüdischen und andere Witze

208 Seiten
ISBN 978-3-85002-910-0
eISBN 978-3-902998-81-1

Amalthea amalthea.at

*Ein ganz individuelles
Erinnerungsbuch*

»Thema dieses Buches ist mein persönliches Lachen«, schreibt Elfriede Ott. Nach sechs Jahrzehnten in der Welt des Theaters hat die beliebte Schauspielerin eine Fülle an lustigen Begegnungen, selbst erlebten und erzählten Anekdoten gesammelt. Neben pointenreichen Texten und Sketches, u. a. von Fritz Grünbaum, Armin Berg, Ernst Waldbrunn und Hans Weigel, schildert sie ihre ganz persönlichen, oft humoristischen Erlebnisse mit Oskar Werner, Helene Thimig, Peter Alexander, Alma Seidler, Paula Wessely, Michael Heltau, Johann Nestroy, Alexander Girardi, Karl Farkas, Hugo Wiener und Cissy Kraner, Alfred Böhm, Fritz Muliar u. v. a. Zahlreiche Witze, Aussprüche, Zitate und Anekdoten ergeben ein buntgemischtes Lesevergnügen.

Erleben Sie Theater-, Kabarett- und Fernsehgeschichte vor, auf und hinter den Kulissen!

....

Elfriede Ott
Worüber ich lache
Erlebte und gesammelte Anekdoten

232 Seiten, mit zahlreichen Abbildungen
ISBN 978-3-85002-826-4
eISBN 978-3-902862-24-2

Amalthea amalthea.at

Wie sich Dichter die Welt zusammenreimen

Publikumsliebling Heinz Marecek räumt in diesem Buch mit zwei unhaltbaren Vorurteilen auf: dass die Deutschen humorlos sind und dass Lyrik etwas für schmachtende Backfische ist – oder für Menschen, die nichts Besseres zu tun haben, als Gedichte zu lesen. Die Deutschen mögen vielleicht keine Komödiendichter wie Shakespeare, Molière oder Goldoni haben, sie haben auch nicht den großen komischen Roman wie »Don Quijote« oder »Schwejk« geschrieben, was aber das Gedicht betrifft, so gibt es spätestens seit den Tagen der Aufklärung eine ungebrochene Tradition der komischen Spielart dieser Form der Dichtung, wie sie in keiner anderen europäischen Sprache zu finden ist. Es gibt hier eben nicht nur Liebeslyrik, die Naturlyrik, die nachdenkliche, wehmütige Lyrik, nein, es gibt auch die lachende, listige, lüsterne Lyrik. Musterbeispiele von Erich Kästner, Heinz Erhardt, Karl Valentin bis Robert Gernhardt und Friedrich Schlegel kommentiert Marecek pointiert in diesem Band.

....

Heinz Marecek

Lauter lachende Lyrik

144 Seiten
ISBN 978-3-99050-064-4
eISBN 978-3-903083-47-9

Amalthea amalthea.at